Nun schneit es schon die zweite Woche. Die Stadt sieht aus wie in Watte gehüllt. Die Dezembersonne strahlt vom blaßblauen Himmel und hüllt die Stadt und Umgebung in silberglänzende Winterherrlichkeit. Die Umgebung, das ist der Stadtpark, das Wiesengelände, durch das der Wiesenbach fließt, und der Wald, der wie eine schützende Wand die Stadt vor den Westwinden abschirmt. Der Hausdiener vom »Goldenen Engel«, erstem Haus am Platze, bemüht sich, den Gehsteig längs des Hauses und den Parkplatz auf der anderen Straßenseite vom neu gefallenen Schnee zu befreien. Es ist später Nachmittag und in der Hotelhalle brennen schon die Kerzen am großen Adventskranz, die Lampen der Treppenbeleuchtung und die Neonröhren am »Empfang«. Das Licht fällt wie ein freundliches WILLKOMMEN durch die Fenster der Halle auf die Straße und auf die Steinstufen, die zum Hotelportal führen. Wie eine Einladung: Komm, Fremder, tritt ein als Gast. Hier ist gut sein, hier findest du Licht und Wärme.

Alfred, der Hausdiener, sieht den Wagen kommen. Er rollt langsam und leise auf der schneebedeckten Straße dem Parkplatz zu und hält dort, wo Alfred gerade den Schnee weggekehrt hat. Eine Dame steigt aus. Ohne Mantel, nur im Kostüm, und schaut sich suchend um. Nun kommt sie schnellen Schrittes über die Straße und bleibt vor dem Hausdiener stehen. Der verbeugt sich und lehnt den Schneebesen an die Hauswand und fragt, wie er es schon oft getan hat, wenn Fremde, das Hotel musternd, vor dem Eingang stehen blieben: »Wünschen Sie ein Zimmer, gnädige Frau? Es sind noch Zimmer frei.« Ohne eine Antwort abzuwarten, eilt er die paar Stufen zum Portal und öffnet eine der Doppeltüren. »Wenn ich bitten darf, gnädige Frau.«

Die Fremde ist ihm gefolgt und steht nun mitten in der großen, aber gemütlich wirkenden Halle. Der Chef, der um diese Zeit eigentlich in der Privatwohnung der Ruhe pflegt, lehnt beim »Empfang« am Pult, als hätte er geahnt, daß ein interessanter Gast kommen wird. Und interessant ist die fremde Dame schon. Sie reicht dem Hausdiener die Wagenschlüssel und sagt: »Holen Sie bitte meine Reisetasche und bringen Sie den Wagen in die Garage.« Sie tut das mit einer Selbstverständlichkeit, die Alfred verblüfft. Weiß sie denn, daß er gerade vor acht Wochen den Führerschein gemacht hat und darum auch den Wagen in die Garage fahren kann? Früher hat das immer der Kellner Theo machen müssen und hat natürlich auch das Trinkgeld eingesteckt. Alfred springt über die Straße zu dem cremefarbenen Auto und holt das Gepäck der Dame, es ist nur eine Reisetasche und ein Pelz. Als er mit dem Gepäck die Halle betritt, hört er den Chef sagen: »Ich werde Ihnen selbst das Zimmer zeigen, gnädige Frau.« Er deutet nur eine Verbeugung an, schließlich ist er der Chef, und in seinem Gesicht liegt ein wohlwollendes Lächeln. So kennen die Angestellten ihren Chef. Er ist ganz Freundlichkeit und Ergebenheit, aber er vergibt sich nichts, und die Gäste empfinden es als Auszeichnung.

Fräulein Charlotte, die schon etwas ältere Hotelsekretärin, steht hinter dem Pult und versucht mit Blicken und Zeichen der Hände dem Hausdiener klarzumachen, daß er die Reisetasche nach oben tragen soll. Der zieht die Schultern hoch, verdreht die Augen und macht eine abwehrende Bewegung, als wollte er sagen: »Ich weiß, ich weiß. Ich benötige von Ihnen keine Anweisung, schließlich bin ich lange genug im ›Goldenen Engel‹.« Er folgt mit dem Gepäck dem Chef und der Fremden, die langsam die Treppe nach oben gehen. Im Vorbeigehen flüstert er Fräulein Charlotte zu: »Kennen Sie die Dame?« Fräulein Charlotte schüttelt den Kopf und flüstert zurück: »Nie gesehen, scheint eine Schauspielerin zu sein oder sonst etwas Vornehmes.« Sie hören beide, wie der Chef gerade eine Tür aufschließt und sagt: »Diese beiden Zimmer werden Ihnen gefallen. Es sind die besten unseres Hauses. Hier der Blick auf den Garten. Hier, bitte sehr, ist das Bad.« Er sieht die Dame fragend an. Die nickt. Sie hat mit einem Blick die wertvollen Möbel wahrgenommen, die gemütliche Polsterecke und das breite Bett. Die letzten Strahlen der Abendsonne versuchen durch die Fenstervorhänge zu tasten, kommen aber gegen den Kristallüster nicht an, den der Hotelbesitzer gerade aufflammen läßt. Im kleinen Nebenzimmer, das einen Damenschreibtisch und eine Glasvitrine mit einigen Vasen und Porzellanfiguren als Einrichtung enthält, schaltet er die Stehlampe an. Ihr warmes Licht fällt auf einen bequemen Sessel, neben dem ein Zeitungsständer steht.

»Die Zimmer gefallen mir sehr gut. Sie haben ein sehr schönes Haus, Herr . . .« Der Hotelier verbeugt sich dankend. »Bäumler ist mein Name. Vielen Dank, gnädige Frau. Sie werden sich bei uns sehr wohl fühlen. Haben Sie sonst noch einen Wunsch?«

Inzwischen ist der Hoteldiener mit der Reisetasche erschienen. Er legt das Gepäck auf den Kofferständer und hängt den Pelzmantel, den er über seine Schulter gelegt hatte, in den Schrank.

»Der Wagen steht bereits in der Garage, hier ist der Schlüssel, gnädige Frau.« Sie reicht ihm ein Geldstück und nickt ihm lächelnd zu. »Vielen Dank für Ihre Mühe.« Sie wendet sich dem Hotelier zu. »Wenn Sie mir bitte einen Kaffee heraufschicken würden . . .«

»Sofort, gnädige Frau.« Herr Bäumler verneigt sich und folgt dem Hoteldiener, der das Zimmer bereits verlassen hat. Er zieht hinter sich die Tür leise zu.

Marion sieht einen Augenblick lang auf die Tür, wendet sich dann, greift nach ihrer Handtasche. Sie geht ins Bad, nimmt aus der Tasche den Kamm und steht vor dem Spiegel. Ein frisches Gesicht mit gesunder Hautfarbe und dunkelblauen Augen sieht sie an. Sie lächelt ihrem Spiegelbild zu und fährt mit dem Kamm durch die Haare, zieht die Kostümjacke aus und beginnt die Reisetasche auszupacken. Später, ein junges Mädchen hat inzwischen den Kaffee gebracht, sitzt sie im Sessel neben der Stehlampe. Sie stützt den Kopf in die rechte Hand und streicht mit Daumen und Mittelfinger über die Stirn. Das tut sie immer, wenn sie nachdenkt. Und sie muß heute über vieles nachdenken. Die Gedanken wandern zurück. –

Der Sommer ist zu früh gekommen in diesem Jahr. Eine Serie von Gewittern beendet die erste Hitzewelle. Das Wetter wird wieder so, wie es sich für den Juni gehört. Es ist an manchen Tagen kalt und regnerisch, aber dann scheint wieder die Sonne. Marion geht mit ihrem Vater über die Koppel, auf der die Stuten mit ihren Fohlen weiden. Sie ist ein junges Mädchen, trägt Reithosen und Stiefel wie der Vater und hört aufmerksam zu, was der Vater zu berichten weiß. Es handelt sich um sie und um ihre Zukunft. »Wenn ihr erst verheiratet seid«, sagt der Vater, »wohnt ihr zunächst mit mir im Herrenhaus.«

»Herrenhaus ist gut«, Marion lächelt und schiebt ihre linke Hand in Vaters Armbeuge. Nun muß auch der Vater lächeln. »Nun ja, du weißt, daß Mutter von unserm immerhin großen Bauernhaus als dem ›Herrenhaus‹ sprach. Schließlich war sie eine geborene ›von‹, eine Baronesse, sie konnte nicht aus ihrer Haut, sie, die letzte ihres Stammes.«

»Ich weiß, Vater, ich weiß. Verarmter Adel. Letzter Sproß, erzogen und ausgebildet als Gutssekretärin auf dem Gut des bürgerlichen Onkels, der froh war, als sich die kleine Nichte in den reichen Bauernsohn Hermann Lohe verliebte. Oder er in sie, Vater?«

»Zunächst wohl er in sie, Lämmchen, und dann . . .«

». . . kam die Himmelsmacht der Liebe über euch beide. Mutter hat es mir oft erzählt. Ihr müßt wirklich ein verliebtes Paar gewesen sein. Die Nachbarn haben mir erzählt, daß ihr noch nach zehnjähriger Ehe wie glückliche Brautleute gelebt habt.«

»Nach zehn Jahren kam ja dann erst das richtige Glück mit dir, Lämmchen.«

»Obwohl ich immer kränklich gewesen bin.«

»Aber nur in den ersten Jahren als Baby und Kleinkind. Dann wurdest du ein strammes Mädchen, gesund, frisch, über Stock und Stein springend wie ein Junge. Die wildesten Pferde fraßen dir aus der Hand und die schärfsten Hunde wälzten sich vor dir auf dem Boden und ließen sich kraulen und bewachten dich auf Schritt und Tritt. Dein Großvater sagte noch auf seinem Sterbebett, als er deine Hand hielt und streichelte: Bauernblut und Adelsblut, eine gute Mischung. Die kleine Baronesse hat uns doch Glück ins Haus gebracht. Deine Mutter stand dabei und strahlte vor Stolz.«

»Ja, ich strotzte vor Gesundheit, aber Mutter siechte langsam dahin und mußte dem Großvater bald folgen.« Marion bleibt stehen und legt ihre Arme um Vaters Hals. »Du aber bist mir geblieben, du allerbester Vater der Welt. Ich bete jeden Tag, daß du noch lange am Leben bleibst.«

»Gott möge deine Gebete erhören – um des Hofes willen und um deinetwillen.«

»Und um Michaels willen.« Marion läßt den Vater los und springt und tanzt über die weite Weidefläche.

Michael! Eigentlich hatte sie ja einen Bauernsohn heiraten sollen. So hatte es der Vater geplant, denn was sollte aus dem großen Hof werden, den man schon ein Gut nennen konnte? Marion hatte natürlich nicht anders gedacht. Sie war mit der Heimat verwachsen, der elterliche Hof war ihr ganzes Glück. Einen Sohn hatte die kränkliche Mutter nicht mehr geboren, so war Marion Alleinerbin. Felder und Wald, das große Haus und die vielen Stallgebäude und Scheunen und auch das nicht geringe Kapital auf der Bank – alles, alles würde einmal ihr gehören. Kein Wunder, daß genug Verehrer sich den Hals nach ihr verdrehten. Auch der Nachbarssohn, der Marc. Aber er hatte bald gemerkt, daß Marion ihn wie immer nur als Freund und Schulkamerad betrachtete. Sie waren als Kinder fast täglich zusammen gewesen, waren täglich den Weg zur Schule gegangen und hatten in den Gärten und Ställen, hüben und drüben miteinander gespielt, hatten auch Geheimnisse ausgetauscht, aber nie Geheimnisse voreinander gehabt. Sie hatten zusammen im Kirchenchor gesungen, bis Marc dann die Landwirtschaftliche Hochschule besuchte und Marion die Haushaltsschule. In den Ferien hatte Marc einmal seinen Freund Michael mitgebracht, einen Chemiestudenten, der kurz vor seinem Abschlußexamen stand. Marc hatte neidlos zugesehen, wie Michael und Marion Freunde und später ein Brautpaar wurden. Marcs Mutter hatte den Kopf geschüttelt und an einem Abend, als sie mit ihrem Sohn allein auf der Hausbank saß, gesagt: »Ich hatte immer gehofft, du und Marion – ich meine, du würdest uns Marion als Schwiegertochter ins Haus bringen. Schade, Marc, sehr schade.«

»Du siehst doch, Mutter, daß sie den Michael mir vorgezogen hat. Da kann man nichts machen. Ehrlich gesagt, ich bedauere es auch, ich habe Marion immer sehr gern gehabt. Aber ich gönne sie dem Michael. Schließlich ist er mein bester Freund.«

»Aber was soll Marion mit einem Chemiker, Junge! Ob sie sich das wohl recht überlegt hat?«

So hatte auch Marions Vater gedacht und es ausgesprochen: »Kind, hast du dir das auch richtig überlegt? Was sollen wir mit einem Chemiker auf unserm Hof? Ich hab ihn ja gern, deinen Michael, ich kann ihn mir auch als Ehemann für meine Marion vorstellen – nur, daß du mich jetzt allein lassen willst, allein lassen mußt, das will mir nicht recht in den Sinn. Entweder du hast dich geirrt oder der Michael hat sich geirrt, oder der große Gott hat etwas Besonderes mit uns vor.«

Da war noch einer, dem die Brautleute Marion und Michael Kopfschmerzen bereiteten, das war Peter Steiger. Peters Vater war Stallmeister auf dem Gut. Herr Steiger war Fachmann, Pferdepfleger und Pferdekenner und Pferdeerzieher vom Scheitel bis zur Sohle, wie Vater immer sagte. Peter war einige Jahre älter als Marion und gehörte neben den Hunden zu Marions Schutztruppe. Wenn Marc nicht da war, hatte er es allein gegen eine ganze Rotte von Jungen aufgenommen, die es versucht hatte, Marions Schultasche zu schnappen oder an ihren Zöpfen zu zerren. Peter gehörte zum Hof. Sein Vater wurde von Marion »Onkel Peter« genannt. Er hatte sie, als Vater ihr das erste Ponny geschenkt, reiten gelehrt und war auch sonst ihr Vertrauter. Und Peter war eben ihr Kamerad gewesen. Wie Marion in Steigers Wohnung, so war Peter im Herrenhaus ein- und ausgegangen. Marion hatte allerdings gemerkt, daß Peter gegen Michael Abneigung zeigte. Einmal hatte er sogar »der Stadtfratzke« gesagt. Aber Marion hatte dazu nur gelacht und gesagt: »Peter, komm wieder zu dir. Du hast einen Pferdeverstand und Michael hat Chemieverstand, falls du verstehst, was ich meine. Wir beide bleiben doch weiterhin Freunde.«

»Aber den Michael willst du heiraten.«

»Natürlich werde ich ihn heiraten. Aber deswegen bleibst du doch mein Freund, Peter. Genauso wie Marc mein Freund bleibt. Kapiert?«

Peter hatte den Blick auf die Erde gesenkt und leise gesagt: »Marc ist Großbauer, und Michael wird Gelehrter oder vielleicht sogar Fabrikbesitzer, und ich? Ich bleibe Pferdepfleger auf dem Gut deines Vaters, falls du verstehst, was ich meine.«

Marion hatte ihre Hand auf seine Schulter

gelegt, er aber hatte sie abgeschüttelt. »Es wird nicht mehr so sein, wie früher, Marion. Oder muß ich jetzt ›gnädiges Fräulein‹ sagen?«

»Peter, Vater hat dir schon einige Male angeboten, dich auf die Landwirtschaftsschule zu schicken. Du könntest bei uns Verwalter werden.«

»Ich will nicht Verwalter werden, ich will Arbeiter bleiben!« Peter schrie es fast. »Proletarier! Verstehst du? Einer muß ja die Dreckarbeiten verrichten für euch. Du bist doch zu fein dafür.«

Marion hatte seine beiden Hände genommen und ganz festgehalten. Ihre Stimme klang sehr sanft: »Du weißt, daß ich auch schon Dreckarbeiten im Stall gemacht habe, Peter. Wer weiß, wie alles noch kommt.«

Zunächst kommt Marions Hochzeit, die nach ihrem Wunsch im kleinen Familienkreis gefeiert wird. Da Michael keine Eltern mehr hat, kommt nur seine Schwester mit ihrem Mann, der Angestellter bei der Stadtverwaltung ist. Marions Vater hat keine große Lust, entfernte Verwandte, und es gibt nur noch entfernte Verwandte, einzuladen; so ist er damit einverstanden, daß die Nachbarn, also Marc mit seinen Eltern und Peter mit seinen Eltern, kommen. Das heißt, Peters Mutter hilft nach der kirchlichen Feier mit in der Küche. Das hat sie schon immer getan, wenn einmal Familienfeste waren. Aber das ist ja schon lange her. Trotzdem hält sie es für selbstverständlich, der Köchin zur Hand zu gehen. Peter sitzt etwas steif an der kleinen Festtafel und taut erst auf, als der Pfarrer, ein fröhlicher Mensch, vorschlägt, Gesellschaftsspiele zu machen.

Vater Hermann Lohe lächelte zuerst zu diesem Vorschlag und nennt das Kindereien, macht dann aber fröhlich mit und ist einer der lustigsten, und auch Peter ist ganz bei der Sache. Er hat sich unter der Hochzeit der Gutstochter wohl etwas anderes, etwas Großartiges und Glanzvolles vorgestellt, scheint nun aber doch zufrieden zu sein. Marion bemerkt es und nickt ihrem jungen Ehemann zu, der sich nicht genug über das laute, lachende Getue Peters wundern kann. Peter wird dann mit den andern auch ganz still und andächtig, als der Pfarrer gegen Mitternacht, bevor er sich verabschiedet, mit einer bittenden Handbewegung alle zum Sitzen auffordert, die kleine Bibel aus der Tasche zieht und den 23. Psalm liest. Er liest sehr bedächtig Wort für Wort:

Der Herr ist mein Hirte,
mir wird nichts mangeln.
Er weidet mich auf einer grünen Aue
und führet mich zum frischen Wasser.
Er erquicket meine Seele,
er führet mich auf rechter Straße
um seines Namens willen.

Und ob ich schon wanderte im finstern Tal,
fürchte ich kein Unglück;
denn du bist bei mir.

Der alte Herr läßt das Büchlein sinken und schaut in die Runde und sagt: »Ich habe nur diese wenigen Zeilen gelesen, aber sie mögen genügen. Sie mögen Euch Weggeleit sein, liebe Brautleute. Gott wird Euch vielleicht führen, wohin Ihr nicht wollt, aber eins sollt Ihr nicht vergessen: ER führt! – Gute Nacht allerseits! Lebt wohl!«

Später, die wenigen Gäste haben das Haus verlassen, hilft Peter in der Küche den Frauen beim Wegräumen des Geschirrs. Seine Mutter sitzt dann noch, sich ausruhend, am Tisch und ißt den Rest der Zitronenspeise. Peter schaut durch das Fenster und sieht gerade die Schlußlichter des Autos, mit dem Michaels Schwester und Schwager heimfahren. Er hört Marions Lachen und wie sie ihrem jungen Ehemann zuruft: »Vergiß nicht die Haustür abzuschließen, Vater ist schon in sein Zimmer gegangen.« Peter knallt das Fenster zu, daß die Scheibe klirrt und die Mutter erschreckt aufblickt. »Was hast du denn, Peter? Es war doch eine nette Feier, und du warst doch auch so lustig.« Peter geht zur Tür und murmelt: »Dieses dämliche Herrenpack. Es kommen auch noch andere Zeiten. Da wird sich die Marion wundern.«

Am nächsten Morgen bringt der Postbote ein Telegramm, und damit wird der ganze Plan der Hochzeitsreise über den Haufen geworfen. Marion weint, und Michael packt wütend die Koffer um, während der Hausherr verwundert fragt: »Warum denn das, Michael, warum ruft dich deine Firma so überraschend zurück?« Michael sieht seinen Schwiegervater an und sagt zornig und traurig zugleich: »Die neue Zeit, Vater, wahrscheinlich ein Zeichen der neuen Zeit.«

Ja, eine neue Zeit war in Deutschland angebrochen. Am 30. Januar 1933 hatte man Hitler das Amt des Reichskanzlers übergeben. In den Monaten Februar/März marschierten immer mehr Männer in braunen und schwarzen Uniformen. Die Arbeitslosen verschwanden von der Straße und die Räder in den Fabriken drehten sich wieder. Besonders in den Fabriken der Chemie war Hochbetrieb. Bewährte Chemiker auf leitenden Posten konnte man nicht beurlauben. So mußte auch Michael seinen Hochzeitsurlaub, den er kaum begonnen, wieder abbrechen. Am 27. Februar 1933 brennt der »Reichstag« in Berlin. Ein holländischer Kommunist, so heißt es, habe ihn angezündet. Marion hört im Dorf, das zum Gut ihres Vaters gehört, die neue Hitlerjugend laut singend die Dorfstraße auf und ab marschieren. Sie singen:

Früher war'n wir Kommunisten,
Stahlhelm und SPD,
heute Nationalsozialisten,
Kämpfer der NSDAP!

Woher haben die Bengel so schnell diesen dummen Vers gelernt? Dann stellt sich heraus, daß der junge Dorfschullehrer schon lange heimlich zur SA gehört, dazu noch einige Bauernsöhne, und auch Peter ist immer dabei. Die Eltern, die davon nichts geahnt haben, staunen, als er zum ersten Mal in einer für sie unbekannten Uniform erscheint. Braunes Hemd und braune Reitstiefel. Einige Monate später dann schon in einer gutgeschneiderten Parteiuniform. Er wäre jetzt Adjutant des Kreisleiters, erklärt er laut und stolz. So begegnet er auch Marion, die gerade ihren Vater besucht und sich bei ihm über das laute Leben in der Stadt beschwert. Sie sieht Peter und muß etwas lächeln. »Wie siehst du denn aus, Peter. Also, ehrlich gesagt, früher hast du mir besser gefallen.« Sie will ihm die Hand zum Gruß reichen, er aber knallt die Stiefelabsätze zusammen und reißt den rechten Arm hoch. »Heil Hitler!« Das ist sein zackiger Gruß und so zackig ist auch die Unterhaltung, die er mit Marion führt.

»Nun bin ich nicht mehr euer dummer Junge, euer Knecht und Lakai«, schreit er sie fast an. Marion bleibt ruhig und sagt beschwichtigend:

»Du warst nie unser Knecht und Lakai und schon gar kein dummer Junge, Peter. Du warst immer unser Spielkamerad und Freund. Das solltest du nie vergessen.« Wieder reicht sie ihm die Hand und sagt: »Auf Wiedersehn und – alles Gute für dich, Peter.« Er verabschiedet sich wieder mit zackigem »Deutschen Gruß«, macht wie ein Soldat kehrt und geht mit langen Schritten dem Dorf zu. Marion sieht ihm lange nach. Was ist nur aus dem Jungen geworden! Wie kann eine politische Meinung der Partei oder Weltanschauung, oder wie man es auch nennen mag, einen Menschen verändern. Später spricht sie mit ihrem Vater darüber. Der sitzt an seinem Schreibtisch und blättert in den neuen Verordnungsschreiben, die er heute vom Kreisamt, von der Kreisbauernschaft und vom Ortsbauernführer, oder wie er sich nennt, erhalten hat. Er ist recht wortkarg. Beim gemeinsamen Abendbrot fragt er: »Und Michael, muß der nicht auch in die Partei eintreten, oder wie ist das bei euch, ich meine in eurer Firma? Übrigens, man hört so mancherlei von Kriegsvorbereitungen. Ich kann es immer noch nicht glauben, denn dieser Führer, wie sie ihn nennen, schreit doch immer das Wort Frieden so lautstark, daß man es nicht überhören kann.«

»Vielleicht ein wenig zu laut. Das behauptet wenigstens Michael immer. Über seine Tätigkeit in der Fabrik darf er nichts erzählen. Die sind alle zum Schweigen vereidigt oder verpflichtet – ja, ich glaube, er sagte einmal: Ich habe einen Eid leisten müssen, daß ich keinem Menschen, auch nicht dem allerliebsten, etwas von unserm Tun in der Firma erzählen darf. Ich habe ja wenig Ahnung von diesen Dingen, Vater. Aber du als erfahrener Mann blickst da gewiß weiter und tiefer.«

»Ich kann mir mein Teil denken, mein Kind. Vor allen Dingen muß man sich vor Spitzeln hüten. Unser Pfarrer sagte mir, daß er manchmal in seinen Gottesdiensten Polizeibeamte in Zivil bemerkt, die, so habe ihm unser Dorfwachtmeister gesagt, ihn bespitzeln sollen. Sie machen sich während der Predigt oft Notizen und reichen die dann wahrscheinlich weiter an ihre Dienststellen. Bis jetzt hat man unsern lieben alten Seelsorger noch in Ruhe gelassen. Nur einmal haben Gestapoleute die Bücherei der Kirchengemeinde geprüft, durchstöbert, durchwühlt. Die hatten kaum Ahnung von Literatur und beschlagnahmten sogar das Buch ›Männer und Mächte‹, ein Werk des bekannten Geschichtsforschers Erich Marx. Sie hatten den wohl mit Karl Marx verwechselt. Auf die Erklärung des Pfarrers ließen sie sich gar nicht ein. Da sagt man immer, wir leben in einer großen Zeit. Ich glaube, die Größe unserer Zeit ist erbaut von Fanatismus, Dummheit und eingebildeter Bildung. Das Tragische ist, daß sich Wahrheit und Lüge, Vaterlandsliebe und

Herrschsucht, Zucht, Ordnung und Zügellosigkeit so vermengen, daß ein schlicht denkender Mensch nicht mehr unterscheiden kann zwischen Licht und Finsternis, wenn er sich nicht Rat, Hilfe und Kraft holen kann in Gottes Wort.

Der Glaube an den für uns gekreuzigten und auferstandenen Heiland ist nicht nur ererbter Glaube, so etwas gibt es ja gar nicht, es ist erlebter Glaube. Du vergißt doch das Beten nicht, Kind?«

Marion sitzt mit gefalteten Händen im Sessel vor ihm und sagt leise: »Ich vergesse ihn keinen Tag, Vater. Heute darf man nicht nur, heute muß man beten. In der Gemeindebibelstunde hat unser Pastor ein Gedicht von Reinhold Schneider erwähnt, dessen Anfang lautet: ›Allein den Betern kann es noch gelingen, das Schwert ob unsern Häuptern aufzuhalten.‹ Das ist auch mein Bekenntnis.«

»Und Michael, wie denkt der?«

»So wie ich, genauso wie ich. Darum sind wir auch so glücklich miteinander, Vater.«

»Das ist gut so. Wie gut, daß wir wissen, Gott hält nicht nur unser kleines Leben, seine Hände umspannen die Ozeane und die Weltkugel königlich.«

Als Marion die Tür zum Garten schließen will, tritt sie auf die Terrasse, der Vater folgt ihr. Sternenübersät wölbt sich der schwarze Nachthimmel über Dorf, Feld und Wald. Langsam schiebt sich der Mond hinter den Bäumen des Parks in das Sternenheer hinein. Ist es die Nachtigall, die in den Büschen ihr Lied mit immer neuen Strophen singt? Es ist Ende Mai. Die Dolden des weißen Flieders leuchten im Glanz des Mondes und der Sterne. ›Wirf ab, Herz, was dich kränket und was dir bange macht!‹

Dann ist Krieg! Da warf doch tatsächlich ein Größenwahnsinniger die Brandfackel ins Pulverfaß, und die meisten Menschen erleben es fassungslos und bedrückt. Von Kriegsbegeisterung keine Spur. Nun marschieren noch mehr deutsche Männer in der Septembersonne 1939, aber sie tragen feldgraue Uniform. Der Überfall auf Polen löst die Kriegserklärungen Englands und Frankreichs an Deutschland aus. Nach achtzehn Tagen ist Polen besiegt. »Mit Mann und Roß und Wagen hat sie der Herr geschlagen«, schreit der Führer bei der Siegesfeier. Das Großdeutsche Reich, zu dem bereits Österreich und das Sudetenland gehörten, wird noch größer. Danzig, der Korridor und auch Ostoberschlesien kehren heim ins Reich. Dazu das »Generalgouvernement«, wie man das besetzte polnische Territorium nennt. Viele, sehr viele weinen. Viele jubeln. Peter jubelte mit seinen Freunden. Sie lassen die Gläser klingen und das Siegesgegröle nimmt schier kein Ende.

Marion findet den Vater – sie ist ohne Anmeldung zu einem kurzen Besuch gerade von der Bahn gekommen – an seinem Schreibtisch sitzen. Er hat den Kopf in beide Hände gelegt und schaut auch nicht auf, als die Tür sich öffnet und Marion leise zu ihm tritt. Sie streicht über sein Haar. »Was ist, Vater? Weinst du?«

Er hebt sein Gesicht ihr zu und streicht sich mit der rechten Hand über die Augen, die feucht schimmern. Dann fällt seine Faust auf einen Briefbogen, der wie ein amtliches Schreiben aussieht. Er reicht ihr das Papier. »Die Söhne vom Lutz und vom Schreiner Zander sind gefallen. Der Bürgermeister, dieser Großprotz und Parteischreier, wagt es nicht, den Eltern es mitzuteilen, wie es seine Pflicht wäre. Den Pfarrer will er nicht bitten, weil er als Deutschgläubiger aus der Kirche ausgetreten ist. Nun kam er zu mir und hat von mir verlangt, nein, nein, er hat mich nicht gebeten, er hat es verlangt, ich soll zu den betreffenden Eltern gehen.«

»Wirst du es tun, Vater?«

»Natürlich, wer soll es denn sonst tun? Ich kann ihnen wenigstens mit christlichem Mitgefühl im Herzen die Hand drücken. Bloß die Sache mit den Todesanzeigen macht mir Kopfschmerzen. Du weißt, der Lehrer schreibt ja auch kleine Artikel und Berichte für unser Kreisblättchen und nimmt auch die Bestellung von Anzeigen entgegen. Der Bürgermeister meinte, ich solle doch den Eltern dabei behilflich sein und für sie zum Lehrer gehen, und ich soll es ja nicht vergessen, in der Todesanzeige müßte es heißen: In stolzer Trauer. Was denkt sich dieser Goldfasan eigentlich! Ach Kind - bete für mich, wenn ich jetzt diese schweren Gänge gehen muß.«

»Soll ich mit dir gehen, Vater?«

»Bleib du nur hier. Die schwersten Wege geht man am besten allein an Gottes Hand. Er wird mir auch die rechten Worte geben, die Traurigen zu trösten.«

Als die deutschen Truppen, ohne Kriegserklärung am 21. Juni 1941 die Sowjetunion überfielen, wurde Michael und auch, was viele verwunderte, Peter eingezogen. Bei Michael wunderte sich eigentlich nur Marion, denn sie hatte fest geglaubt, ihren Mann, diesen tüchtigen Chemiker, könnte man in der Heimat nicht entbehren. Außerdem konnte sie sich ihren Michael als Soldat gar nicht vorstellen. Gewiß, er hielt seinen Körper fit durch den von der Firma angeordneten Sport in der firmeneigenen Sporthalle. Aber er war doch ein Einzelgänger, hatte eigentlich keine Freunde unter den Kollegen, nur einige gute Bekannte in der Kirchengemeinde. Sein Heim war seine Welt. Marion war ihm Frau, Freundin, Kamerad und Mutter in einer Person. Wie würde ihm das Soldatenleben bekommen – und wenn sie an die Front dachte – Marion wußte: Nun muß ich noch mehr für meinen Michael beten.

Bei Peter war das ganz anders. Er hatte ein Erlebnis gehabt, von dem weder seine Eltern, mit denen er kaum mehr Verbindung hatte, noch seine Freunde und Kameraden etwas wußten. Beim Wehrsport hatte er sich eine Fußverletzung zugezogen, und er mußte, obwohl er sich dagegen sträubte, ins Krankenhaus. »In acht Tagen bin ich wieder bei euch«, hatte er prahlerisch gesagt, als man ihn ins Auto hob, das ihn in die Fachklinik brachte. Erst nach zwei Monaten konnte er entlassen werden. Als ein am Fuß Geheilter und als einer, dessen Seele Heilung empfangen hatte, kam er wieder.

In der großen Klinik, in der auch viele Verwundete, von der Front kommend, liegen, arbeiten neben Schwestern des Roten Kreuzes auch Diakonissen. Das hohe Lied der Nächstenliebe wird ihnen allen gesungen. Peter liegt in einem Einzelzimmer. Nach der schweren Operation, nie hatte er gedacht, daß er wegen seiner Fußverletzung einmal auf dem Operationstisch liegen wird, hat er noch immer Fieber, und eine Schwester muß bei ihm Nachtwacht halten.

Eines Nachts wacht Peter aus unruhigem Schlaf auf. Eine junge Diakonisse sitzt an seinem Bett. Sie hat ein Buch in der Hand und liest.

»Schwester«, fragt er mit leiser Stimme, »was lesen Sie denn da?«

»Ich lese in der Bibel.«

»In der Bibel?« Die Schwester nickt.

»Glauben Sie denn auch an das, was da in der Bibel steht?«

»Aber ganz gewiß glaube ich das. Die Bibel ist doch Gottes Wort.«

»Gottes Wort – Gott – Schwester, dann glauben Sie also auch an Gott.«

»Natürlich glaube ich an Gott. Meinen Sie, man kann den Dienst hier tun, ohne an Gott zu glauben? Ich glaube und bete, das hält mich aufrecht. Ich bete auch für Sie.«

»Auch für mich? Sie wissen doch gar nicht, wer ich bin. Was beten Sie denn da für mich?«

»Ich bete für Ihre Gesundheit und auch für das Heil Ihrer Seele.«

»Das ist ja sehr nett von Ihnen, aber kann man denn das, für einen andern beten? Auch für einen, den man gar nicht kennt, von dem man nichts weiß? Sehen Sie, Schwester, ich kümmere mich doch gar nicht um Ihren lieben Gott.«

»Das ändert aber nichts an der Tatsache, daß Gott sich um Sie kümmert, und er kümmert sich um Sie, auch wenn Sie nicht beten. Als Beterin bin ich Ihr Stellvertreter vor Gott. Wieviel reicher könnte unsere Welt sein, ich meine innerlich reicher, wenn noch viel mehr Menschen Beter wären. Nicht nur Beter für sich, sondern auch und gerade Beter für andere. Von solchen Gebeten lebt unsere Welt.«

»Darüber werde ich nachdenken müssen, Schwester. Gute Nacht, liebe kleine Beterin.«

Und Peter dachte darüber nach. Einige Tage später, das Fieber war ganz gewichen, und der Arzt hatte gemeint: ›Jetzt sind wir über den Berg‹, bat Peter die Schwester, die nun nicht mehr nachts an seinem Bett wachen mußte, ihn aber tagsüber versorgte: »Könnten Sie mir wohl auch so eine kleine Bibel besorgen?« Ein froher Schimmer umsonnte das Gesicht der jungen Diakonisse. »Morgen bringe ich Ihnen eine Taschenbibel mit. Die können Sie dann immer bei sich tragen.«

»Ich wollte eigentlich nur hier ein bißchen darin lesen, aber wenn Sie meinen, ich sollte sie behalten, Ihnen zuliebe würde ich es tun.«

Am nächsten Tag hält Peter eine in rotes Leder gebundene Taschenbibel in seinen Händen. Seine Hände zittern ein wenig, als er nach dem kleinen Buch greift, und seine Stimme zittert, als er fragt: »Nun weiß ich gar nicht einmal den Namen der guten Spenderin, wie heißen Sie eigentlich, Schwester?«

»Ich heiße Schwester Erika«, und dann etwas zögernd: »Erika Sonnenschein.«

Bevor Peter etwas sagen kann, läuft sie aus dem Zimmer.

Er muß noch ungefähr drei Wochen in der

Klinik bleiben und hat Zeit zum Nachdenken und Grübeln, zum Bibellesen und Suchen und Finden. Ja, er findet, sein sehnsuchtsvolles Herz findet den Ort, da Ruhe ist für alle, von denen die Bibel sagt, daß sie mühselig und beladen sind. Peter, der große, starke Spötter, der Unzufriedene mit seiner Heldennatur, der, wie er meint, Wegbereiter einer neuen Zeit, findet Jesus. Sein belastetes und verworrenes und wundes Leben wird heil gemacht. Unfrieden und Widerstreit im Herzen weichen dem Frieden Gottes. Und eines Tages, als er an seine Entlassung aus dem Krankenhaus denkt und an seine Rückkehr in seinen bisherigen Dienstbereich und zu seinen alten Kameraden in der Kreisleitung, da fällt ihm jene späte Nachtstunde bei Marions Hochzeitsfeier ein, wo der alte Pfarrer aus der Bibel gelesen hatte, die Verse aus dem 23. Psalm, und daß er anschließend gesagt hatte: Gott wird euch vielleicht führen, wohin ihr nicht wollt, da sollt ihr eins nicht vergessen: ER führt!

Die Folgen seines offenen Bekenntnisses als Christ, nach seiner Rückkehr in seinen alten Dienstbereich, sind ein Wutanfall des Kreisleiters und Spottreden und Hänseleien seiner früheren Kameraden und, einige Tage später, die Einberufung zum Militärdienst. Er findet in der Kaserne Michael, den früheren Freund Marions vor. Es gibt ein frohes Wiedersehen, und in einer stillen Abendstunde eine Aussprache. Michael ist zunächst überrascht, dann aber sehr beglückt. Um beide schlingt sich das Band wahrer Freundschaft und Kameradschaft. Beim Exerzieren, im Gelände, auf der Stube – sie halten fest und treu zusammen, und wenn es gilt, verteidigt einer den andern.

Marion ist erstaunt, als ihr Michael beim ersten Urlaub von Peter, seiner inneren Umkehr und seinem Glaubensmut berichtet. Sie genießt die paar Urlaubstage mit ihrem Mann, und er läßt sich als neugebackener Soldat verwöhnen.

Michael findet seine Frau eines Tages vor seinem Bücherschrank sitzen.

»Was liest du denn da so Interessantes? Gedichte?«

»Ja. Wie gefällt dir dieser Vers von Erich Kästner?«

»Kästner? Den haben sie doch verbrannt.«

»Verbrannt? Ich denke, der lebt noch. Er soll, wie ich hörte, nicht emigriert sein.«

»Natürlich ist nicht er verbrannt, sondern seine Bücher wurden verbrannt, und eigentlich darf dieses Bändchen gar nicht mehr in unserm Bücherschrank stehen. Was hat er denn so Passendes geschrieben? Ich höre.«

»Nach dem ersten Weltkrieg geschrieben, aber passend für unsere Zeit:

». . . Dann gab es Weltkrieg statt der großen Ferien –
Dem Globus lief das Blut aus den Arterien.
Ich lebte weiter. Fragen Sie nicht, wie . . .«

Aber hier habe ich noch ein anderes Bändchen, das wird dir mehr zusagen. Mein, nein, unser geliebter Matthias Claudius hat auch vom Krieg gedichtet. Soll ich's dir vorlesen?«

»Claudius – vom Krieg? Ich höre.«

Marion zieht Michael neben sich auf die Sessellehne und liest:

»'s ist Krieg! 's ist Krieg! O Gottes Engel wehre
und rede du darein!
's ist leider Krieg – und ich begehre
nicht schuld daran zu sein!

Was sollt' ich machen, wenn im Schlaf mit Grämen
und blutig, bleich und blaß
die Geister der Erschlagnen zu mir kämen
und vor mir weinten, was?

Wenn wackre Männer, die sich Ehre suchten,
verstümmelt und halb tot
im Staub sich vor mir wälzten und mir fluchten
in ihrer Todesnot?

Wenn tausend, tausend Väter, Mütter, Bräute,

so glücklich vor dem Krieg,
nun alle elend, alle arme Leute,
wehklagten über mich?

Wenn Hunger, böse Seuch' und ihre Nöten
Freund, Freund und Feind ins Grab
versammelten und mir zu Ehren krähten
von einer Leich herab?

Was hülf' mir Kron' und Land und Gold und Ehre?
Die könnten mich nicht freun!
's ist leider Krieg – und ich begehre
nicht schuld daran zu sein!«

Marion legt das Buch beiseite und schmiegt sich in Michaels Arme.

»Ich habe Angst um dich Michael! Dieser furchtbare Krieg! Mußte das alles sein? Können die Völker nicht in Ruhe und Frieden miteinander leben und verhandeln? O Micha, Micha, Micha! in welch eine Welt wird unser Kind geboren. Ich werde zur Geburt zu Vater aufs Gut fahren. Meinst du nicht auch? Dort ist doch im Dorf eine tüchtige Hebamme. Ich möchte nicht ins Krankenhaus, Michael.«

Schon als Michael zum Militär einrückte, hatte er gewußt, daß er in sieben Monaten Vater werden würde. Er streichelt der jungen werdenden Mutter die Wangen und tupft mit seinem Taschentuch die Tränen ab, die aus den traurigen Augen Marions rinnen. Sie gehen langsam zum Fenster und schauen in den Garten, der sich hinter dem Haus hinzieht. Am Rand des Rasenplatzes steht eine hohe Tanne. Auf ihrer Spitze sitzt eine Amsel und singt. Eine andere antwortet ihr vom Dach des Nachbarhauses. Ein Bild des Friedens, das man früher gar nicht so gesehen und empfunden hatte, jetzt aber festhalten will, mit allen Herzensfasern ganz fest und den geliebten Menschen neben sich dazu.

Die kurze Urlaubszeit ist gefüllt mit Vorbereitungen für Marions Reise. Die Tage fliegen dahin wie bunte Schmetterlinge. Am letzten Tag steht Marions Vater vor der Tür mit Taschen voller Lebensmittel.

»Ich muß unserm Helden doch wenigstens noch eine Dauerwurst mitgeben, wenn er versuchen wird, den Endsieg zu erringen.«

Marion legt dem Vater ihre Hand auf den Mund und zieht ihn in die Wohnung. »Nicht so laut, Vater! Sei vorsichtig mit deinen Reden.«

»Warum? Glaubst du nicht an den Endsieg? Alle glauben doch daran, oder denke ich da falsch?« Er lächelt verschmitzt und trägt die Taschen in die Küche. Es wird dann noch ein schöner Abschiedsabend mit einem guten Abschiedsessen. Man zwingt sich, heiter zu sein und zuversichtlich. Aber jeder spürt den bangen Herzensschlag des andern. Marion schaut auf die Uhr, die bald die Stunde der Mitternacht anzeigt, und beginnt den Tisch abzuräumen. Da nimmt Vater von Marions Nähtisch die kleine Bibel.

»Eigentlich brauche ich sie gar nicht aufzuschlagen. Ich kann den Psalm auswendig, den unser Pfarrer damals bei eurer Hochzeit las. Wie oft bete ich den Satz: ›Und ob ich schon wanderte im finstern Tal, fürchte ich kein Unglück; denn du bist bei mir.‹ Das vergesse ich nie und das gebe ich dir, Michael, mit auf deinen harten Weg; denn leicht wird er ja nicht sein, auch wenn unsere Landser immer singen, man hört es ja so oft im Rundfunk: ›Es ist so schön, Soldat zu sein.‹ Auf die Schönheit wollen wir gerne verzichten, nicht wahr, Michael? Aber Befehl ist Befehl und Eid ist Eid, auch wenn man euch dazu gezwungen hat. Gehst du nicht, stellt man dich an die Wand. Also geh, Michael, aber geh mit Gott.«

Er umarmt den Schwiegersohn. »Laßt mich morgen früh schlafen, wenn ihr beide zur Bahn geht. Ich störe da nur. – Gewiß bekommt ihr noch, bevor ihr ausrückt, den sogenannten Abstellurlaub. Dann siehst du deine Marion ja noch einmal. Gute Nacht, Kinder.«

Michael sah seine Marion nach diesem kurzen Urlaub nicht mehr, oder richtiger gesagt, er sah sie erst nach dem Ende dieses furchtbaren Völkerringens. Der Abschub zur Front geschah sozusagen über Nacht. Michael und Peter blieben beisammen. Sie gehörten zu einer Kompanie. Sie wurden fast zu gleicher Zeit Unteroffizier, was sie gar nicht verstanden, denn so tüchtige Krieger waren sie ja nun gerade nicht. Der Kompaniechef teilte ihnen die Beförderung mit und lächelte dabei. Wahrscheinlich hatte er da seine Verbindungen spielen lassen, weil er die beiden gut leiden konnte. Sie waren zuverlässig und keine Maulhelden und taten ihre Pflicht, auch wenn sie den Krieg mit allen Schrecken haßten. Das tat übrigens der Hauptmann auch, vielleicht waren ihm darum die beiden Freunde so sympathisch. Man befand sich auf dem Rückmarsch, den man mit dem Begriff »Frontbegradigung« tarnte.

Im Juni 1944 treten die Russen bei Mogilew, Orscha und Witebsk zu ihrer großen Offensive an. Ihr Trommelfeuer aus tausend Geschützrohren hämmern die deutschen Divisionen in die Erde. Das geordnete Absetzen der Deutschen wird zur Flucht. Die Verbindungen zu den einzelnen Einheiten reißen ab. Peter und Michael sind immer noch zusammen. Sie haben Kameraden sterben sehen. Ihr Hauptmann ist gleich in den ersten Junitagen gefallen. Einen ihrer besten Kameraden, einen Obergefreiten, sahen sie, nachdem sie sich vor einem T 34 in Sicherheit gebracht hatten, als blutige Masse am Weg liegen. Sie bleiben, abgesprengt von der Truppe, nun erst recht beisammen. In der Nähe des Dnjepr schleichen sie durch ein halb abgebranntes Dorf. Dann stehen sie am Ufer des träge dahinfließenden Flusses. Im Norden ist der Himmel von Rauch schwarz. Das sind wohl die brennenden Öllager in der Nähe von Orscha. Von irgendwo kommt das Hämmern der russischen Artillerie. Dort irgendwo liegt Mogilew, das die russischen Soldaten einnehmen wollen oder schon besetzt haben. Vor ihnen fließt der Fluß und fließt und fließt. Sie müssen ans andere Ufer, aber da ist kein Kahn, kein Baumstamm, um den Fluß zu überqueren.

»Wir müssen schwimmen«, sagt Peter, »du bist doch ein guter Schwimmer, Michael?«

»Guter Schwimmer gerade nicht, aber ich werde es schon schaffen.«

Sie ziehen ihre Uniformen aus und waten, die Uniformbündel mit den Maschinenpistolen über den Kopf haltend, ins Wasser. Jetzt reicht ihnen schon das Wasser bis unter die Arme. Da hebt sich aus dem Ufergebüsch ein verwundeter Sowjetsoldat, der aus seinem Betäubungsschlaf erwacht ist. Er hat im Halbschlaf das Tun der beiden Deutschen beobachtet. Jetzt greift er zur Pistole, zielt und schießt. Im Fluß zuckt Michael zusammen. Das Wasser färbt sich rot vom Blut, das aus seinem Arm und aus seiner Brust sickert. »Es hat mich erwischt, Peter! Es hat keinen Zweck, ich schaffe es nicht mehr.« Er droht zu versinken. Peter versucht, ihn zu erreichen.

»Mach keinen Quatsch, Mensch! Halt durch, wir schaffen es schon. Ich schleif dich schon rüber. Nur nicht aufgeben, Michael! Nur nicht aufgeben!«

Da peitscht ein zweiter Schuß. Peter schreit auf. Die Kugel klatschte ins Wasser und hat Peter am linken Knie getroffen. Aber er hält Michael weiter umklammert und schreit: »Wir schaffen es schon, wir schaffen es schon!«

»Laß mich los, Peter, und rette dich! Es hat keinen Zweck mehr mit mir.«

»Schnauze! Meinst du, ich lasse dich hier absaufen. Los, streng dich an! Wir werden es schon schaffen!«

Sie schaffen es tatsächlich und erreichen das andere Ufer. Fast mit letzter Kraft kriechen sie aus dem Wasser. Sie leben noch! Michael ist in Ohnmacht gefallen. Peter schleift ihn, sein Knie schmerzt zum wahnsinnig werden, weiter auf das Land. Die Sonne wärmt und trocknet. Peter verbindet, so gut es mit den aufgeweichten Verbandspäckchen möglich ist, zunächst Michaels Wunden und dann sein Knie. Er muß die Hemden zerreißen und benutzt sie zum Verbinden, denn das Blut sickert durch die Verbände. Michael erwacht aus seiner Ohnmacht, als Peter versucht, ihm die Hose anzuziehen. Er selbst streift sich mit Mühe die Uniform über. Da spürt er den Blick seines Freundes, der sich aufzurichten versucht. Peter drückt ihn vorsichtig ins Gras. »Bleib hier liegen, Michael, ich gehe zur Straße. Vielleicht finde ich jemand, der uns hilft, Freund oder Feind.«

»Du mit deinem Knie?«

Peter stöhnt, aber er sagt gewollt zuversichtlich: »Die kleine Verwundung spüre ich ja kaum. Du wirst sehen, bald liegen wir in irgendeinem Lazarett.«

»Ich nicht, Peter. Laß mich hier liegen und bringe dich in Sicherheit. Ich spüre es, es ist mit mir vorbei.« Seine Stimme wird leiser: »Wenn du nach Hause kommen solltest, grüße Marion und die Kleine. Nimm meine Brieftasche mit den Fotos. Nun kann ich die kleine Katharina doch nicht mehr sehen. Bitte, Peter, du wirst mir diesen letzten Liebesdienst tun, nicht wahr?«

»Wenn du weiter so dummes Zeug quatschst, muß ich dir eine knallen, in aller Freundschaft, Michael, in aller Freundschaft.«

Michael läßt sich zurücksinken. Eine tiefe Ohnmacht umfängt ihn wohltätig. Peter versucht aufzustehen, aber er kann auf dem linken Bein nicht stehen. Auch ein dürrer Ast, der in der Nähe liegt und den er als Krücke benutzen will, hilft ihm nicht. Er muß neben seinem Freund sitzen bleiben und ist zum Warten verurteilt. Eine allgemeine Redensart der Soldaten fällt ihm ein: »Die meiste Zeit des Lebens wartet der Soldat vergebens.«

Ob sie beide hier vergebens warten müssen? Im halbverkohlten Dorf auf der andern Uferseite regt sich kein Leben, aber irgendwo in der Nähe muß eine Straße sein, Peter hört Motorengeräusch. So wartet er und beobachtet, wie sein Knieverband vom durchsickernden Blut sich mehr und mehr färbt. Er faltet die Hände. ›Beten‹, denkt er ›nun hilft nur noch beten.‹ Er kann die rissigen Lippen nicht mehr bewegen, aber sein Herz betet und bangt und betet für sich und Michael. Besonders für Michael. ›Ich bin für ihn verantwortlich‹, denkt er. Marion und die kleine Katharina warten auf ihn. Er erinnert sich noch der Stunde, da Michael ihm den Feldpostbrief zeigte mitten in der Nacht:

»Gott hat uns eine kleine Tochter geschenkt! Michael, du bist Vater, wir sind Eltern, Michael. Welche Aufgabe, die uns Gott da schenkt. Die Kleine soll, wie wir es besprochen hatten, Katharina heißen. Sie ist gesund, ich bin gesund und Vater vergeht fast in seinem Großvaterstolz.«

So oder ähnlich hatte Marion geschrieben, und Peter hatte sich mitgefreut. Und später, als dann einige Fotos von Mutter und Kind kamen – natürlich die Fotos, die Brieftasche! Peter nimmt sie aus Michaels Uniformrock und steckt sie ein, auch sein Feldgesangbuch und das Neue Testament aus der Seitentasche. Er deckt Michael zu und legt sich neben ihn ins Gras.

Der Schlaf nimmt ihn in seine helfenden Arme und führt ihn im Traum in sein Elternhaus, in die Pferdeställe auf dem Gut und auf die Weide, wo die Fohlen übermütig springen. Jetzt laufen sie mit ihren kleinen Hufen über den Rasen, weil der Lärm eines Autos sie erschreckt hat. Das Auto macht aber auch einen Krach – und jetzt bleibt es stehen. Aber das ist gar kein Traum mehr. Peter schlägt die Augen auf, und da hält wirklich ein Auto. Es ist ein russischer Sanitätswagen. Und dann geht alles sehr schnell. Die Sanitäter verladen die beiden deutschen Verwundeten. Die Fahrt auf der Straße mit unzähligen Schlaglöchern ist eine Qual. Aber sie leben. Man hat sie frisch verbunden und sie landen nach Stunden in einem Gebäude, das mit Verwundeten überfüllt ist. Es ist eine Schule, die man als Lazarett eingerichtet hat. Es liegen Verwundete und Sterbende, Russen und Deutsche. Sogar deutsche Sanitäter und Ärzte sind da!

»Mensch, Michael, was habe ich dir gesagt, wir sind gerettet. Für uns ist der Mistkrieg beendet, das ist die Hauptsache. Alles andere wird sich finden. Weißt du noch, was der alte Pfarrer damals gesagt hat? Er führt! Jawohl, das haben wir jetzt erlebt. Es wird alles gut, Michael, es wird alles gut!« Er gibt sich bewußt fröhlich, obwohl seine Kniewunde wie Feuer brennt. Michael darf sich jetzt nicht gehen lassen. Sein Mut zum Überleben muß gestärkt werden. ›Ich werde nicht umsonst gebetet haben‹, denkt Peter.

Nein, er hat nicht umsonst gebetet. Beide Freunde bleiben am Leben. Die Kugel aus Michaels Körper wird entfernt, aber der zerschossene Arm auch. Es ist eine sehr schmerzhafte Operation. Die russische Ärztin, die dem deutschen Stabsarzt assistiert, meint: »Schade, daß nicht rechter Arm. Mit rechtem Arm du geschossen. Verstehen, du deutscher Hund?« Man versteht sie sehr gut; denn ihr Mann ist im glorreichen Krieg gegen die Deutschen gefallen. Seitdem brütet der Haß gegen alles Deutsche in ihrem Herzen, und das kann man wohl verstehen.

Peter, dessen Knie steif bleiben wird, sitzt an Michaels Lager und meint: »Wie gut, daß es der linke Arm war. Nun kannst du mit dem rechten Arm deine Tochter tragen und Marion streicheln und was deine chemische Fabrik betrifft, da mache dir nur keine Sorgen. Die können vielleicht auch einarmige Chemiker gebrauchen. Aber vielleicht ist es besser, du gehst auf das Gut deines Schwiegervaters. Man kann auch mit einer Hand die Pferde zureiten.« So versucht er Michael zu trösten und es gelingt ihm auch. Michael wird im tiefsten Herzen froh und getrost. Peter hat ihm das Leben gerettet, das wird er ihm nie vergessen, niemals! Sie werden auch als Kriegsgefangene zusammenbleiben und, so Gott will, zusammen heimkehren. Wird das eine Freude werden!

Zunächst allerdings zieht in beider Herzen tiefe Trauer. Nach der Entlassung aus dem Lazarett werden sie getrennt, kommen in verschiedene Gefangenenlager. Da hilft kein Betteln und Erklären, die russischen Wachmannschaften bleiben stur. Wie die Einteilung der Transporte vorgenommen wurde, so bleibt sie. Befehl ist Befehl. Die Deutschen haben doch den Befehlen ihrer Führer Folge geleistet und jetzt wollen sie hier meutern? Nix da! Dawai! Dawai!

Es ist inzwischen Weihnachten 1944. Peter kann mit seinem steifen Bein leichte Arbeiten verrichten. Im Lager in Mogilew sind in einer riesigen zerstörten Maschinenhalle 2000 Gefangene untergebracht. Man gibt ihnen Handwerkszeug, und sie ziehen Lehmwände, bauen Backöfen und Herde und Lazatretträume, Bäckerei und Küche und, was sehr wichtig ist, Badehalle und Entlausungsraum. Hier und auch im Lazarett sieht man Peter hinkend schaffen. Er arbeitet gerne und übernimmt manche Handreichung, vor der sich andere drücken. Bald ist er im ganzen Lager als Peter Hinkebein bekannt und beliebt. Beliebt auch besonders darum, weil er manchem ein gutes helfendes Wort sagt, viele Verzagte aufrichtet. Wo er es für angebracht hält, tröstet er mit einem Bibelwort. Man hat ihm schon im Lazarett nach der Gefangennahme Neues Testament und Feldgesangbuch abgenommen, wie auch Michael seine Brieftasche mit den Fotos abgeben mußte. Aber Peter erinnert sich aus der Schul- und Konfirmandenzeit fast vergessener Worte der Heiligen Schrift. Man lebt die Tage dahin, liest die russischen Heeresberichte an der Wandzeitung, weiß nicht, ob alles stimmt, glaubt es dann doch und hofft auf ein baldiges Ende des Krieges. Und eines Tages im Mai 1945 ist es soweit. Beim Morgenappell wird die Niederlage Deutschlands und der Sieg der glorreichen Sowjetarmee bekanntgegeben. Das dreifache ›Hurra‹ schallt über den weiten Platz. In ihm klingen Unsicherheit, Freude, Heimweh mit und tausend Fragezeichen. Was wird jetzt mit uns geschehen?

Zunächst geschieht dieses: Tausende Deutsche aus den Kämpfen in Ostpreußen kommen als Gefangene ins Lager und benötigen Platz. Aber sie erzählen auch unter Fluchen und Weinen von den letzten Schlachten und Gefechten und Niederlagen. Latrinenparolen durchlaufen das Lager. Jede ärztliche Untersuchung, jede Aufstellung einer neuen Liste, jede kleine Meinungsäußerung eines russischen Wachtsoldaten wirft eine Flut von Vermutungen, Weissagungen, heimlichen Wünschen in die Männerherzen.

Im August 1945 geschieht das Wunder der

Zusammenstellung eines Transportes von Kranken und Schwachen. Auch einige Gesunde, Bevorzugte des Kapitänarztes, gehören dazu.

Die Räder des Waggons rattern ein herbes Lied: Heimat-Heimat-Heimkehr-Heimkehr. Aus den Plennis sind Heimkehrer geworden. So oder ähnlich hat der russische Major es ihnen vor der Abfahrt in reinstem Hochdeutsch gesagt. Und dann nach langer Fahrt deutsche Bahnhöfe, deutsche Ortschaften mit zerstörten Häuserreihen. Ausladen, Aufenthalt in einer Kaserne, deren Gebäude ganz geblieben sind. Entlassungsformalitäten – und endlich Heimkehr. Peter hat als Heimatziel das Gut angegeben, auf dem sein Vater als Pferdepfleger und Pferdezüchter arbeitet. Ob er noch dort ist, ob die Eltern überhaupt noch leben?

Nein, sie leben nicht mehr. Auch der Gutsherr, Marions Vater, ist nicht anwesend. Einige Frauen, die von ihren Männern nichts wissen, aber auf ihre Heimkehr warten, berichten. Der Vater mußte noch Soldat werden und ist gefallen. Die Mutter, vom Schmerz überflutet, ist bald darauf gestorben. Der Gutsherr wurde auch noch als Reserveoffizier eingezogen und hat sich seitdem nicht mehr gemeldet. Und Fräulein Marion, sie nennen Marion, die Tochter des Gutsherrn, noch immer Fräulein Marion, ist mit ihrem Baby einige Wochen hier gewesen, ist dann aber abgereist. Wohin? »Wir wissen nichts, Peter, gar nichts! Und du mit deinem steifen Bein? Was willst du anfangen, willst du hier bleiben? Natürlich, man kann auch mit einem steifen Bein schaffen, warum nicht? Versuch's, Peter. Mußt es halt versuchen. Sehr viel helfen können wir armen Frauen dir auch nicht, das wirst du verstehen.«

»Gott wird weiterhelfen«, sagt Peter mit umtrübten Augen und zuckenden Lippen, »er wird weiterhelfen, wie bisher.«

»Gott, Peter? Gott? – Nun, wie du meinst. Wir wünschen dir alles Gute, Peter! Alles Gute! Die Hauptsache ist, daß dieser Krieg beendet ist. Endlich, endlich, endlich Schluß mit all dem Blutvergießen!«

Ja, endlich Schluß! Peter nimmt sein Bündel und humpelt zur nächsten Bahnstation, von der man ihm gesagt hat, daß dort noch Züge verkehren. Ein neuer Lebensabschnitt beginnt für ihn, ein ganz neuer und unbekannter Weg. Peter läßt sich treiben, aber er läßt sich treiben von dem, von dem der alte Pfarrer damals vor Jahren einmal gesagt hat: ER führt!

Michael wird anders geführt. Er landet in einem Lager in der Taiga. Ein Waldlager mit Stacheldrahtverhau, Wachttürmen und einem acht oder zehn Meter breiten »Todesstreifen«, als ob hier jemand fliehen will. Tausende Kilometer von Deutschland entfernt. Es vergehen einige Jahre, bis auch hier ein Heimkehrertransport zusammengestellt wird. Jahre schwerster Arbeit. Jahre, gefüllt mit Kranken und Toten. Michael hält durch. Zunächst ist man verwundert, daß man ihn als Einarmigen mitgenommen hat. Aber wer achtet schon darauf. Die Hauptsache war immer, der russische Transportoffizier hatte die Anzahl Gefangener, die er beim Abtransport übernommen hatte. Als man dann bei der ersten Arbeitseinteilung Michael mit nur einem Arm entdeckt, beordert man ihn einfach in die Küche und später ins Lazarett. Das ist seine Überlebenschance.

Doch mit seinem einen Arm kann er nicht voll eingesetzt werden, und so gehört er zum ersten Heimkehrertransport aus der Taiga.

Michael kann es noch gar nicht fassen. »Ich auch?«, ruft er, als sein Name verlesen wird, »schon mit diesem Transport?«

»Natürlich, Mensch, mit diesem Transport. Oder meinst du, deinetwegen wird ein Luxuszug eingesetzt«, ruft der Sanitätsfeldwebel lachend. Und dann rollen die Räder der Güterwagen mit den heimwehkranken und jetzt erwartungsfrohen Männern über die Grenzen. Nicht alle erreichen das heimatliche Ziel. Einige Herzen, schwach und krank, zerbrechen an der Vorfreude. Man legt die Toten auf der nächsten Station neben die Gleise. Der Zug fährt weiter. Singen die Räder wirklich das Lied vom Wiedersehen? Wie wird man die Heimat vorfinden? Schon seit einiger Zeit hatte man an die Angehörigen schreiben dürfen und hatte auch Post erhalten. Michael wußte, daß Marion noch lebt, auch die kleine Katharina und auch der Vater. Von Schwester und Schwager wußte er nichts. Das Leben in Deutschland hatte sich einigermaßen normalisiert.

Und dann hält er im Lager Friedland seine Marion in den Armen.

»Micha! Daß du nur wieder da bist!« Jetzt spürt sie den leeren linken Jackenärmel. Ihm kommen die Tränen. Er will etwas sagen. Was soll er sagen? Sich entschuldigen? Marion, es tut mir leid, daß ich nur einen Arm habe, aber immerhin, es ist der rechte. Soll er so sagen? Er sagt kein Wort, er stöhnt nur einmal laut auf. »Jetzt bin ich ein Krüppel, Marion.«

»Aber ein lieber, ein ganz lieber, Michael. Komm, wir fahren gleich mit meinem Wagen raus aus dem Lager. Wir essen unterwegs. Und dann so schnell wie möglich nach Hause. Vater wartet schon und Katharina. Wir sind auf Vaters Gut. Aber das weißt du ja, das habe ich dir ja geschrieben.«

Und dann: Heimkehr, Heimfinden im altvertrauten Gutshaus, und Heimischwerden. Die kleine Tochter, die nun schon ein Schulmädel ist, hat sich schnell an den Vater gewöhnt und weicht ihm kaum von der Seite.

»Man könnte direkt eifersüchtig werden«, meint Marion und küßt Michael und Katharina.

»Und wer küßt mich? Ich bin wohl schon abgemeldet bei den Damen?« scherzt der Vater und Großvater. Da gleitet Katharina zu ihm in die Sofaecke und kuschelt ihren Kopf an seine Schulter. »Du bist doch mein allerbester Großvater!« Sie hält ihn an den Ohren fest und küßt ihn auf den Mund. Da müssen alle lachen und sind zufrieden und glücklich, rundherum glücklich. Michael soll vorläufig auf dem Gut bleiben. Die Stadtwohnung hat Marion aufgegeben. Das väterliche große Herrenhaus, wie es noch immer von den Nachbarn genannt wird, hat Zimmer genug. So hat sie sich hier eine kleine eigene Wohnung eingerichtet. Die Stadtwohnung, die ja eine Dienstwohnung war, hätte sie sowieso räumen müssen. Das hatten die Bomben besorgt, die das Werk und die Häuserzeilen in der Nähe zerstört hatten. »Wie gut, daß ihr rechtzeitig ausgezogen seid«, sagt Michael nachdenklich. »Auch hier sieht man wieder die Führungen Gottes und seine gnädige, leitende Hand.«

In den Abendstunden erzählt man viel von den letzten Jahren und berichtet von schmerzlichen und auch freudigen Ereignissen. Und immer wieder denkt man an Peter. Man hat sich bemüht, seinen Aufenthaltsort ausfindig zu machen, aber alles Bemühen war bisher vergebens. Daß er schon bald nach Kriegsende heimgekehrt war, hatte man von den Frauen aus dem Dorf erfahren, aber nirgendwo fand man seine Spur. Es galt ja nicht nur, den alten Freund wiederzusehen, man wollte ja auch den Nachlaß der Eltern Peter übergeben. Aber wo sollte man ihn suchen? Alle Nachforschungen blieben erfolglos. Bis dann eines Tages, es ist in der Adventszeit, der Brief eintrifft. Diesen Brief nimmt nun Marion aus der Handtasche. Wie oft hat sie ihn schon gelesen, sie kennt den Inhalt auswendig und muß ihn doch immer wieder lesen. Er berichtet von Peters Nachkriegsweg. Es ist ein wunderlicher und wunderbarer Weg, gebaut und geebnet, übersonnt und überstürmt von der Wundermacht Gottes.

Auf Umwegen, halb verhungert, landet Peter in München. Am Straßenrand wird er von einem amerikanischen Soldaten aufgelesen, der, wie sich später herausstellt, der Militärgeistliche Fred Hager ist. Seine Eltern sind deutsche Auswanderer und stammen aus Berlin. Er ist bei einem älteren Ehepaar einquartiert. Der Mann, Werner von der Weiden, war ein bekannter Konzertsänger, die Ehefrau Schauspielerin, deren Namen aber von der Theatergemeinde längst vergessen sind. Beide sind erschrocken, als ihnen Fred diesen Halbtoten, wie es scheint, ins Haus bringt. Dann aber richten sie gemeinsam die kleine Schlafkammer im Dachgeschoß des Hauses her. Peter schläft zunächst zwei Tage und zwei Nächte durch. Dann löffelt er die Fleischsuppe, die Fred aus dem Verpflegungslager besorgt hat. Allmählich kehren die Kräfte zurück. Er geht langsam durch das kleine Zimmer, durchstöbert das Bücherregal und wundert sich, daß er da manches christliche Buch findet, in das er sich vertieft. Dann entdeckt er die Gitarre. Er läßt einige Saiten aufklingen und bemerkt, daß das Instrument schon lange nicht benutzt worden ist. Dabei überrascht ihn der Hausherr. Werner von der Weiden hat früher jungen Menschen Unterricht in Gesang und auch im Gitarrespiel gegeben und freut sich jetzt, Peter mit dem Instrument im Arm zu sehen.

»Lassen Sie sich nicht stören. Ich freue mich, in Ihnen einen jungen Kollegen gefunden zu haben.«

Peter lächelt müde. »Ich kann alles nur laienhaft, singen und auch Gitarre spielen. Als wir noch Buben waren, gab uns der Gemeindepfarrer Unterricht und wir sangen und spielten bei Gemeindefeiern – und später dann, Sie können es sich ja denken, bei Sonnenwendfeiern und Nationalfesten.«

»Aber Sie haben es noch nicht verlernt, ich meine, noch nicht ganz verlernt.« Werner von der Weiden holte einige Notenblätter und reichte sie Peter. »Versuchen Sie es mal, beides, spielen und singen, auch wenn es vielleicht stümperhaft ist. Ich möchte es auf einen Versuch ankommen lassen.« Und der Versuch gelang. Obwohl Peter in seinem Stuhl zusammengesunken saß und dann stammelte: »Meinen Sie wirklich, Herr von der Weiden, ich kann noch singen und spielen?«

»Nennen Sie mich einfach Werner, ich sage ja auch Peter zu Ihnen. Und was Ihre Frage betrifft – Sie können weder richtig spielen noch singen, aber Sie werden es lernen. Ich gebe Ihnen Unterricht und in einigen Monaten können Sie als guter Volkssänger sich dem Publikum stellen. Schauen Sie mich nicht so erstaunt an. – Unser Volk ist besiegt, liegt zerschlagen am Boden, es hungert. Es hungert nicht nur nach Brot, es hungert auch nach Unterhaltung, nach Kunst. In den Großstädten fängt man an, Theater zu spielen, Konzerte zu geben, aber in der Kleinstadt und auf den Dörfern, da verirrt sich wohl hin und wieder einmal eine Theatergruppe oder ein kleines Orchester, aber sonst . . . Und jetzt kommt mir ein Gedanke, Peter, den hat mir der liebe Gott soeben eingegeben. – Sie sind doch, wie ich aus unseren Unterhaltungen herausgehört habe, Christ und zwar bewußter Christ. Die Kirchengemeinden warten auf Sie! Ziehen Sie als schlichter christlicher Sänger durch die Lande. Man wird Ihnen die Kirchen und Gemeindehäuser auftun und Sie werden als singender Evangelist den harten Herzen, den betrübten Seelen, den müden Gemütern Trost und Auftrieb geben. Ans Werk! Ans Werk. Morgen beginnen wir mit dem Unterricht.«

Und man begann mit dem Unterricht! Man übte und probte, man probte und übte. Die Hausfrau hatte kaum Zeit für die Arbeit in der Küche, denn sie half mit beim Unterricht. Das ermüdende Anstehen beim Lebensmitteleinkauf übernahm eine freundliche Nachbarin.

Und Fred war die Begeisterung in Person. Er lachte und tobte im Haus herum oder er saß sanft und still in einer Ecke des Zimmers und verfolgte den Unterricht, der flott voranschritt. Und dann wieder konnte er nicht an sich halten. Lauthals rief er: »Du, Peter, wirst werden großer Künstler. Ich nehme dich mit nach Amerika. Du wirst meinen und deinen Landsleuten das Evangelium singen und auch Volkslieder. Das wird herrlich, herrlich, herrlich! O mein Gott, ich dir danken, daß du mich hast finden lassen diesen Mann am Straßenrand. Wie wunderbar sind deine Wege, mein Herr und mein Gott!«

Peter wagte es nicht zu glauben. Ungeahnte Kräfte erfüllten ihn. Sein alter Wille kehrte wieder. Begeisterung beflügelte ihn. Der Gedanke, ich darf ein Bote Gottes, ein Diener meines Heilandes werden, ließ ihn nicht ermüden. Peter gab sich ganz der Musik hin und nebenbei gab ihm Fred Englischunterricht. Es war eine ganz neue Welt, in der er lebte und die ihn verzauberte und immer dankbarer machte. Fred sorgte für das leibliche Wohl. Er bezahlte auch den Schneider, der aus zwei noch sehr gut erhaltenen Anzügen Werners für Peter passende Garderobe machte.

Diese Fürsorge von Fred rührte sein Herz. Nicht nur, daß er sich um sein leibliches Wohl mühte, und er durch ihn in die Familie von der Weiden aufgenommen wurde, er kleidete ihn nun auch ein. Wie dankbar war Peter seinem Gott, der ihn wieder einmal erfahren ließ, daß er bis in die kleinen Dinge des täglichen Lebens sorgt. Peter stand vor dem Spiegel in der Diele und betrachtete sich von allen Seiten. Daß es nun auch gleich zwei Anzüge waren, ein grauer Straßenanzug und ein dunkler, in dem er sich schon vor der Gemeinde sah, singend Gottes Liebe und Treue rühmen. Doch noch mußte an jedem Tag das Singen und Spielen geübt werden. Aber auch der Sprachunterricht machte Fortschritte.

Eines Abends sagte Herr von der Weiden zu Peter: »Wir haben in der Gemeinde in der kommenden Woche einen Vortrag eines Gastredners über das Thema ›Gottes Führung in unserem Leben‹. Wie wäre es, wenn Sie zu diesem Abend ein Lied singen würden und es auf der Gitarre begleiten?«

Dieser Vorschlag kam für Peter überraschend, aber da er Herrn und Frau von der Weiden für alle Hilfe, die sie ihm angediehen ließen, dankbar war, sagte er: »Werner, Sie wissen, wie gut oder schlecht ich singe und spiele, wenn Sie aber glauben, daß ich dort mit meinem Gesang angenommen werde, will ich es gern tun.«

Auch Fred freute sich über diesen Anfang, denn in wenigen Wochen sollte er in die Heimat zurückkehren, und dann wollte er Peter mitnehmen. Da Peter bisher vergeblich versucht hatte, die Adresse von Marion herauszufinden, hatte er sich mit dem Gedanken vertraut gemacht, mit Fred zunächst für ein oder zwei Jahre nach Amerika zu gehen, um dort als »singender Evangelist« zu wirken. Er wußte sich von seinem Gott in all den Jahren geführt, hatte viel Durchhilfe erfahren und sah auch den Ruf in die USA als Gottes Weg an.

Doch nun stand erst einmal der Abend in der Gemeinde vor ihm.

»Welchen Inhalt soll das Lied haben, Werner?« fragte Peter.

»Das Thema heißt, wie du weißt, ›Gottes Führung in unserem Leben‹, und in dieser Richtung sollte auch der Text des Liedes sein.«

Peter überlegte und sagte dann: »Ich kenne ein vertontes Gedicht unseres Pfarrers aus der Heimat, das werde ich singen. Es beginnt: ›Wie willst den Weg du wissen . . .‹«

Und dann war der Tag gekommen, es war der 12. Mai. Um 18 Uhr machten sich Herr und Frau von der Weiden mit Peter auf den Weg zum Gemeindehaus. Fred ließ es sich nicht nehmen, mitzugehen. Er wollte auch dabei sein. Der Redner, ein Pfarrer, hatte den 23. Psalm seinen Ausführungen zugrunde gelegt. Das Wort aus dem dritten Vers: »Er führt mich auf rechter Straße um seines Namens willen«, gab dem Pfarrer Gelegenheit, mit persönlichen Erfahrungen diese selige Gewißheit zu unterstreichen. Peters Gedanken wanderten in die Heimat und erinnerten ihn an die Hochzeitsfeier von Marion und Michael, als gegen Mitternacht der Pfarrer, bevor er sich verabschiedete, zur Bibel griff und einige Verse aus dem 23. Psalm las und den Brautleuten die Worte mit auf den Lebensweg gab: »ER führt.« So sang er dann nach dem Vortrag sein Lied mit großer Freude und innerer Übereinstimmung:

Wie willst den Weg du wissen,
des Irrens ist so viel.
Gott zeigt in Finsternissen
allein dir Weg und Ziel.

Sein Wort strahlt hellen Kerzen
gleich in die tiefste Nacht,
hat wegverlorne Herzen
noch stets nach Haus gebracht.

Kraft strömt in deine Trümmer,
reißt alle Schleier fort,
dich füllt mit Sonnenschimmer
das ewge Gotteswort.

Es war still in dem Raum geworden. Angesprochene Herzen taten sich auf, um Gott zu loben oder ihn zu suchen. Die Predigt und das Lied hatten Menschenherzen in Bewegung gebracht. Zutiefst dankbar gingen die vier nach Hause. Ein Anfang war gemacht, Peter sah seinen Weg nach Amerika bestätigt.

Die nächsten Wochen vergingen schnell, bald zu schnell. Die Reisevorbereitungen nahmen viel Zeit in Anspruch. Der Flug nach Chicago ging nur ab Frankfurt am Main, und so brauchten sie auch eine Zugverbindung von München nach Frankfurt.

Die wenigen Dinge waren schnell gepackt, die Gitarre durfte Peter mitnehmen. Sie sollte ihm eine liebe Erinnerung an München bleiben und ihm auch gute Dienste in der Fremde leisten. Der Abschied von dem Ehepaar von der Weiden fiel Peter und auch Fred schwer. Die gemeinsame Zeit hatte sie enger miteinander verbunden.

»Wir schreiben, wenn wir drüben angekommen sind«, sagte Peter. Ein herzlicher Händedruck, noch einmal ein Dankeswort, ein »Gott befohlen« und ein letzter Blick in liebe Augen.

Ein Lebensabschnitt, wenn auch ein kurzer, schloß sich.

Sie flogen mit einer amerikanischen Maschine nach Chicago; sie hatten zwei günstige Plätze, Peter saß am Fenster und Fred neben ihm. Als sich das Flugzeug abhob, sahen sie noch einmal die Stadt Frankfurt und den Main zu ihren Füßen, und in Windeseile durchliefen Peter Erlebnisse der vergangenen Monate. Dank stieg in seinem Herzen auf für die gnädige Führung seines Gottes bis hin zu dem Augenblick, der ihn nun davontrug. Die Fahrt in eine andere Welt hatte begonnen. Während sich Fred auf das Wiedersehen mit den Angehörigen freute, war es für Peter ein unbekanntes Feld der künftigen Betätigung.

»Das Haus ist groß genug für uns, du wirst dich dort wohlfühlen«, sagte Fred. »Die Eltern haben für dich ein Zimmer hergerichtet, es ist größer und gemütlicher als die Dachkammer bei von der Weiden. Der Blick geht zum Garten, Bäume, Sträucher, Blumen in vielfältiger Pracht, grüne Rasenflächen, alles wird dir wohltun. Unser Ort Wheaton ist auch nicht allzu weit entfernt von Chicago.«

Peter war kein aufmerksamer Zuhörer, ihn bewegte der Gedanke, werde ich in Amerika auch wirklich ein »singender Evangelist« sein? Hier auf dem Wege in das ganz andere Land wurde ihm plötzlich erneut klar, daß alles Gelingen vom Segen Gottes abhängt, Gottes Geist muß Menschenherzen anrühren, sonst ist alle Arbeit und Mühe vergeblich. Die Maschine ging auf 11 000 m Höhe. Unten lag die Erde, Grenzen wurden überflogen und dann kam das unendliche Meer. Wenn sich Wolken dazwischen schoben, war es ein wunderschönes Naturschauspiel, unter sich die weißen, von der Sonne angestrahlten Wolken und über sich den tiefblauen Himmel. Die Gedanken wurden von der Gegenwart eingeholt, ein Mittagessen wurde gereicht. Die Zeit verging buchstäblich »wie im Flug«. Über das Mikrofon kam die Zeitdurchsage: »Bitte stellen Sie die Uhr um 7 Stunden zurück.« Welch ein Empfinden! Mit dieser Zeitansage werden 7 Stunden im Tagesablauf doppelt gelebt, sie werden erst beim Rückflug nach Deutschland zurückgegeben. Pünktlich setzt die Maschine zur Landung auf dem Flughafen Chicago-O'Hare an. Fred ist ganz aufgeregt, nach vielen Jahren der Trennung wieder daheim zu sein, die Eltern und den Bruder wiederzusehen und seinen Freund vorzustellen. Und dann das Wiedersehen! Dieser Augenblick, den die Eltern so oft herbeigesehnt hatten, ist jetzt Wirklichkeit. Ihr Junge, um den sie in den Kriegsjahren gebangt und den sie immer wieder der Barmherzigkeit Gottes anbefohlen hatten, steht nun vor ihnen.

»Dies ist Peter Steiger, von dem ich Euch schon geschrieben habe. Er will hier als ›singender Evangelist‹ in unserer Gemeinde seinem Gott dienen.« Das Haus der Familie Hager liegt ein wenig abseits von den belebten Verkehrsstraßen und, wie Fred schon im Flugzeug erzählt hatte, umgeben von einem Garten. Peters Zimmer in der ersten Etage mit Ausblick auf den Garten enthält alles, was er braucht, um sich wohlzufühlen. Sogar ein kleiner Schreibtisch steht in der Nähe des Fensters. Doch an wen soll er schreiben? In Deutschland leben die Eltern nicht mehr, von den Freunden fehlt jede Spur, die einzigen, die auf Post warten, sind das Ehepaar von der Weiden, und sie sollen bald einen Gruß erhalten. An der Wand über dem Schreibtisch hängt ein kleiner Spruch »Ohne mich könnt ihr nichts tun«. Dieser Spruch wird ihn nun durch sein Leben begleiten. Auf dem Tisch steht ein Strauß mit Nelken zum Willkommen. Ob Hagers ahnten, daß er Nelken liebt? Die wenigen Dinge, die Peter besitzt, sind schnell ausgepackt und eingeräumt. Er macht sich frisch und geht nach unten, wo er schon erwartet wird. Es gibt viel zu erzählen, vor allem muß Fred berichten. Er hat zwar oft geschrieben, aber vieles läßt sich besser und ausführlicher sagen. Er war als Militärgeistlicher eingesetzt und hatte andere Aufgaben als die Soldaten an der Front und später bei der Besetzung. Fred ist immer wieder dankbar für seinen Dienst, den er tun durfte, galt es doch, Menschen aufzurichten, zu trösten oder auch Verwundeten Beistand zu leisten. Aber auch manchen schweren Brief mußte er an die Angehörigen Sterbender schreiben. Während der relativ kurzen Zeit in München waren es in der Kaserne Andachten, in denen er die frohmachende Botschaft von Jesus Christus verkündigte. Nun war er in die Heimat zurückbeordert. Fred mußte natürlich ausführlich erzählen, wie er Peter am Straßenrand völlig erschöpft gefunden hatte. Unversehens gleiten die Erlebnisse der schweren Tage wieder in Peters Gedächtnis und auch das vergebliche Suchen nach den Freunden; doch die Bitte, sie eines Tages, wenn er wieder in Deutschland sein wird, zu finden, wird in seinem Gebet nicht verstummen. Aber jetzt liegen erst seine Aufgaben in Amerika in den kommenden Jahren vor ihm.

Vor der Arbeitsaufnahme möchte die Familie Peter die Umgebung zeigen. Mit dem Auto fahren sie nach Chicago. Das Auto wird in einer Garage abgestellt, und Peter erlebt die Stadt mit den Wolkenkratzern. Wie klein ist der Mensch auf der Straße, wenn zu beiden Seiten die Gebäude in die Höhe steigen und den Blick nach oben reißen. Auf der Uferstraße laufen alle zur Anlegestelle des Schiffes, das sie innerhalb des Hafens zu einer Rundfahrt aufnimmt. Frohe Menschen rundherum, das Gleiten auf dem Michigansee entlang der Goldküste, das Spiel der Sonnenstrahlen im Wasser und der bezaubernde Anblick der Skyline am Ufer lassen die Not und Bedrängnis der Heimat für kurze Zeit vergessen. Peter gibt sich ganz dem Augenblick hin, genießt die Freude und kann nur loben und danken, wo die Welt so heil aussieht. Die Eindrücke überwältigen ihn und machen ihn still. Die Schiffsglocke reißt ihn aus seinen Gedanken. Aussteigen! Die Fahrt ist beendet. Er findet noch immer keine Worte, die Augen wissen nicht, wo sie zuerst hinblicken sollen. Die sprudelnde Lebensfreude hier und die zerbombten Städte in Deutschland kann er noch nicht zusammenbringen. Aber auch in den USA gibt es viele Menschen, die um Tote weinen.

Zu Hause wurde schnell das Abendessen bereitet. Für den anderen Tag ist ein Spaziergang durch Wheaton geplant. Die Straßen ziehen sich wie mit dem Lineal gezogen durch die Stadt, keine Wolkenkratzer stören die friedliche Landschaft.

Die wenigen Tage des Schauens und Erlebens gingen schnell vorüber. Fred mußte sich auf die Sonntagspredigt vorbereiten. Er muß das Herz dabei sehr zurückhalten, es ist ja übervoll von Erlebnissen und Eindrücken, von überstandenen Gefahren und Bewahrungen. In der Nacht vom Sonnabend zum Sonntag schlief er unruhig. Der kommende Tag brachte das Wiedersehen mit der Gemeinde, er sah viele strahlende Gesichter. Vor der Predigt sang Peter das Lied, begleitet von der Gitarre. Fred hatte den Text vor dem Singen ins Englische übersetzt. Peter sang zuerst noch leise und bewegt, sich dann aber findend in deutscher Sprache:

Wie willst den Weg du wissen ...

In Zukunft wird er englische Lieder singen und dafür viel üben müssen. Mit diesem Tag begann für beide der Alltag mit seinen Pflichten, Mühen und Freuden, mit seinem Ausruhen und Stillwerden. Das Üben der Sprache beim Singen und Sprechen nahm einen Teil der Freizeit in Anspruch; es galt nicht nur die englischen Lieder in Wort und Ton zu lernen, sondern Peter wollte auch die Herzen der Menschen erreichen und bereichern.

Bei manchem Hausbesuch begleitete er Fred und erhielt Einblick in das Leben amerikanischer Familien. Des öfteren wurde er auch eingeladen, einen Abend bei einer Familie zu verbringen. Dabei mußte er viel von seiner Heimat und von seinen Kriegserlebnissen berichten, von den zerbombten Städten, von den vielen, die ihre Heimat und ihr Zuhause verloren hatten. Aber es gab nicht nur diese Themen. Er konnte auch von der Schönheit der Heimat erzählen, von Wäldern und Wiesen, Bergen und Seen.

Inzwischen war der Herbst durchs Land gezogen, der Winter wich dem Frühling, und Felder, Wälder und Wiesen änderten mit der Jahreszeit ihr Gesicht. Und Peter? Vor Einbruch des zweiten Winters wollte er wieder in der Heimat sein. Er hatte in der hinter ihm liegenden Zeit seinen Dienst mit großer Liebe und Treue getan. Viele englische Lieder hatte er gelernt und die Zuhörer in der Gemeinde erfreut.

Eines Abends, nachdem Peter mit dem Bruder Billard gespielt hatte, saß die Familie wieder einmal um den runden Tisch. Es gab vom Ablauf jedes Tages zu berichten, und die Eltern trugen mit ihrer Anteilnahme und mit ihren Gebeten die Arbeit des Sohnes. Peter war an diesem Abend stiller als sonst, und dann brach es aus ihm heraus. Er erzählte, daß er sich innerlich klar geworden war, wieder nach Deutschland zurückzukehren. Zunächst waren alle überrascht und betroffen, doch dann wollten sie mehr wissen. Peter erzählte nun, daß dieser Entschluß langsam in ihm gereift sei. Wie die neue Aufgabe aussehen würde, wußte er noch nicht, aber eins war ihm gewiß: »ER führt.«

In diesem Sinn schrieb er auch an Herrn und Frau von der Weiden. Er fragte an, ob er zunächst bei ihnen wohnen könne, bis sich eine neue Möglichkeit ergab. Die Gitarre würde er wieder mitbringen, denn das Singen und Gitarrespielen sollte auch sein weiteres Leben begleiten, sicher nicht als Hauptberuf. Rasch erhielt Peter eine zusagende Antwort.

Bis zur geplanten Abreise waren es noch drei Monate. Was er sich in den hinter ihm liegenden zwei Jahren erspart hatte, reichte für den Rückflug und die erste Zeit in der Heimat. Nun war es Freds Aufgabe, diesen Entschluß der Gemeinde mitzuteilen. Es fiel ihm persönlich schwer, Peter hatte seine Arbeit gut unterstützt und sie waren echte Freunde geworden, die einander trugen. Es kam so, wie Fred es sich gedacht hatte, die Gemeindeglieder waren auch betroffen und traurig, aber sie verstanden den Wunsch und akzeptierten ihn.

Am letzten Sonntag im November verabschiedete die Gemeinde mit Dank ihren »singenden Evangelisten« Peter Steiger. Noch einmal sang er das Lied, mit dem er seine Arbeit in der Gemeinde in Wheaton begonnen hatte in deutscher Sprache:

> Wie willst den Weg du wissen,
> des Irrens ist so viel.
> Gott zeigt in Finsternissen
> allein dir Weg und Ziel . . .

Zwei Tage später fuhr die Familie Hager ihren ihnen lieb gewordenen Peter zum Flughafen Chicago-O'Hare. Der Abschied von Herrn und Frau Hager, dem Bruder und besonders von Fred wurde ihm schwerer als er gedacht hatte. Sorgen und Freuden hatten sie gemeinsam durchgebetet. Aber der Glaube, daß der Herr für ihn einen neuen Weg bereitet hat, tröstete ihn. Es ging dann alles sehr schnell. Frau Hager wurden die Augen feucht beim Abschied, ihr war er wie ein Sohn ans Herz gewachsen.

Das Flugzeug trug ihn nun in umgekehrter Richtung auf seinen Schwingen durch die Lüfte. Peter hatte dieses Mal keinen Fensterplatz. Neben ihm saß ein Herr, der in Papieren und Notizen vertieft war, sie ergänzte, also beschäftigt war. Aber Getränke und später die Speisekarte unterbrachen diese Tätigkeit. Beim Essen kamen die beiden dann doch ins Gespräch. Der Herr war auf einer Geschäftsreise. Peter erzählte von seinen Plänen. Er wußte, daß der Neubeginn nicht leicht sein würde. Der Krieg hatte die Jahre, die sonst der Ausbildung und dem Lernen vorbehalten sind, genommen. Hinzu kam seine Kriegsverletzung. Aber Gott wird ihn auf den richtigen Platz stellen. Der Mitreisende war überrascht von dem festen Glauben dieses Mannes, und das strahlende Gesicht unterstrich die Glaubwürdigkeit seiner Aussage. Wenn er doch auch so glauben könnte! Durch das Mikrofon kam die Ansage: »Bitte stellen Sie die Uhren um 7 Stunden vor.« Jetzt mußten die auf dem Hinflug doppelt gelebten Stunden zurückgegeben werden. Sieben Stunden werden nun zeitlich übersprungen. Wie anders bei Gott, dachte Peter, da kann man keine Stunde überspringen oder doppelt leben. Und dies alles geschieht, weil die Erde eine Kugel ist. Die Maschine setzte in Frankfurt am Main zur Landung an; Peter hatte wieder Heimaterde unter den Füßen. Er verabschiedete sich von seinem

Flugzeugnachbarn mit einem herzlichen »Gott befohlen«.

Der Bus brachte ihn zum Hauptbahnhof, dort hatte er bald Anschluß nach München. Die Fahrt zur Familie von der Weiden war Peter nicht fremd. Vor dem Haus stand er einen Augenblick still, hier hatte nach der Entlassung aus der Gefangenschaft sein neuer Lebensweg begonnen. Wie wird er weitergehen? Rasch steigt er die Treppe nach oben und klingelt. »Hier bin ich wieder«, ruft Peter lachend der öffnenden Frau von der Weiden entgegen, »ich freue mich, wieder hier zu sein und danke Ihnen, daß Sie mich vorerst aufnehmen.«

»Nicht so stürmisch, Herr Steiger, kommen Sie erst einmal herein.«

Und nun gibt es eine herzliche Begrüßung mit ihr und Herrn von der Weiden und später viel Erzählen.

Am nächsten Tag wird beraten, was zu tun ist. Erst einmal muß sich Peter bei der Polizei melden, und bei dieser Gelegenheit wird er fragen, wohin er sich wenden kann, um Auskünfte über seine Freunde einzuholen. Er weiß nicht, ob Michael schon aus der Kriegsgefangenschaft entlassen ist, ob er sie überhaupt überstanden hat, und wo Marion mit dem Kinde wohnt. Er wird an das Rote Kreuz verwiesen. Tage voller Spannung vergehen, und dann erhält er einen Brief vom Roten

Kreuz mit der Adresse der Familie Michael und Marion Bastian. Er kann es kaum glauben, er wird sie alle wiedersehen. Dieses Glück muß er sogleich den beiden von der Weiden erzählen. Am nächsten Tag sitzt Peter am Schreibtisch vor einem leeren weißen Blatt Papier, aber schnell füllt es sich mit Worten. Er kann gar nicht so schnell schreiben, wie er denkt. Und doch berichtet er nur knapp das Vergangene und seine augenblickliche Situation.

Diesen Brief hält Marion in den Händen. Er hat eine große Freude ausgelöst. Postwendend geht ein Brief an Peter. Da er noch keine Verpflichtungen hat, stand es für Michael und Marion fest, den Freund so schnell wie möglich zu holen, ob nur für die bevorstehenden Festtage, ob für längere Zeit oder für immer, sie wußten es nicht. Verabredet wurde der 12. Dezember im Hotel »Goldener Engel« in einem süddeutschen Städtchen. So konnten sie sich auf halbem Wege treffen.

Peter war aufgeregt, als er seinen Koffer packte. Die Gitarre nahm er nicht mit. Wie die Zukunft aussehen würde, wußte er noch nicht, doch eins stand für ihn fest, er würde diese beiden lieben Menschen wiedersehen.

In das gleichmäßige Geräusch der Räder und der schnell vorüberhuschenden Landschaft mischten sich die Gedanken der Gegenwart und Vergangenheit, sie eilten mit dem schnellen Zug mit, oder richtiger gesagt, voraus.

Marion stand versunken am Fenster ihres Hotelzimmers und sah hinaus auf den verschneiten Stadtpark, als das Telefon sie aus den Gedanken riß. Die Dame vom Empfang meldete den Besuch eines Herrn Steiger. Ihr klopfte das Herz, sie bat, den Herrn nach oben zu schicken, sie wollte diese erste Begegnung nicht unter fremden Augen in der Empfangshalle erleben. Peter war nicht nur ihr Spielkamerad aus Kindheitstagen, nicht nur der Freund von Michael, sondern auch sein Lebensretter. Als es leise an die Zimmertür klopfte, eilte sie dem Freund entgegen, und im Händedruck und Blick löste sich die Spannung. Beide waren glücklich und wollten nicht viel Zeit verlieren, um, wie Marion sagte, nach Hause zu fahren. Die Reisetasche war bereits gepackt, die Hotelrechnung bezahlt. Im Restaurant nahmen sie rasch noch eine Kleinigkeit zu sich, denn sie hatten einige Stunden Autofahrt vor sich. Die Fahrt verlief still. Viele Gedanken zogen durch Herz und Gemüt. Marion erzählte nur mit wenigen Worten, daß sie zunächst wieder auf Vaters Gut gezogen waren und dort auch noch eine kurze Zeit wohnten, nachdem Michael aus der Kriegsgefangenschaft nach Hause gekommen war. Michael wollte aber gern wieder in seinem erlernten Beruf arbeiten. Mit seiner Kriegsverletzung fand er keinen passenden Arbeitsplatz. So entschloß man sich zum Verkauf des alten Gutes, um mit dem Erlös eine neue Existenz aufzubauen. In einer Kleinstadt konnte eine chemische Fabrik erworben werden, und auch ein größeres Wohnhaus fand sich zum Kauf. Von Peter wußte Marion aus dem Brief, daß er in München gelandet war und später für zwei Jahre in Amerika lebte. Aber alles, was das Leben in diesen Jahren ausgefüllt hat, wollen sie zusammen mit Michael austauschen.

Als sie am Abend zu Hause ankamen, war es eine unbeschreibliche Freude, die die beiden Freunde erfüllte; das Durchlebte war zu schwer, um laut und überschäumend aufeinander zuzugehen. Bewegt standen sie sich gegenüber und wußten, daß die Freundschaft auch für die Zukunft halten würde. Michael war erst Anfang des Jahres, man schrieb 1948, aus der russischen Kriegsgefangenschaft entlassen worden. Ein erster Transport mit denen, die untauglich waren, wurde zusammengestellt, und zu den Heimkehrenden gehörte auch Michael mit seinem einen Arm. Es waren für Michael und Peter schwere Zeiten, die hinter ihnen lagen. Und doch konnten sie den Tag nicht beschließen, ohne ihrem Gott zu danken für seine Wege, auch wenn sie ihnen nicht immer gefielen. Michael erinnerte sich an einen Vers ihres Pfarrers:

Gott wird dich nicht immer führen,
wohin du willst.
Aber eins ist gewiß: ER führt!

Am nächsten Tag holt Marion den für Peter verwahrten Nachlaß seiner Eltern. Wie viele Erinnerungen werden mit jedem Stück wach. Wie dankbar ist Peter, daß er von den Eltern und seiner Kindheit ein paar Dinge in der Hand hält, er wird sie sorglich hüten und am Abend, wenn er allein ist, noch einmal hervorholen und betrachten. Im Augenblick kann er nur mit einem stummen Händedruck danken.

Zum Mittagessen sieht er dann auch den Großvater und später Katharina, als sie aus der Schule kam. Wie froh ist diese Familie miteinander, und Peter darf Anteil haben. Der Großvater ist der alte liebenswerte Herr geblieben, so wie ihn Peter in der Erinnerung hat. Dem alten Herrn war es nicht leichtgefallen, sich von seinem Gut zu trennen. Hier half vor allem Katharina. Sie verstand es, mit ihrer Liebe und Anhänglichkeit die Sehnsucht des Großvaters nach der alten Heimat zu überbrücken.

Es war kurz vor Weihnachten. Bei einem abendlichen Gespräch erzählte Peter von seiner kurzen Ausbildung im Singen und Gitarrespielen und daß Herr von der Weiden ihn einen »singenden Evangelisten« genannt hat. Diese Aufgabe möchte er auch künftig wahrnehmen, nicht als Beruf, sondern frei zur Ehre Gottes.

»Wie hast du dir dein weiteres Leben vorgestellt?« fragte Michael.

»Du weißt, daß ich auf dem Gut die Pferde gepflegt habe und der Krieg eine Ausbildung verhinderte, aber ich bin gewiß, daß unser Herr auch für mich einen Platz hat.«

»Und ich weiß auch schon einen«, fiel Michael ihm ins Wort. »Ich brauche in meiner Fabrik einen zuverlässigen Mann, der die Ausgabe von Medikamenten überwacht. Sieh, da treffen sich unsere Wege.«

Als Marion später dazu kam, erzählten die beiden Freunde ihr freudestrahlend von dem soeben besprochenen Plan. Marion freute sich sowohl für Michael wie für Peter, für beide ging ein Gebetsanliegen in Erfüllung. Daß Peter im Hause wohnen könne, wenn er wolle, bis er vielleicht selbst eine Wohnung hat oder eine Familie gründet, war selbstverständlich. Alle waren froh gestimmt über die doppelte Freude in dieser Vorweihnachtszeit. Für Katharina wurde Peter der geliebte Onkel Peter.

Die Familie hielt sich zur Gemeinde, und da war es ganz natürlich, daß sie Peter am Sonntagmorgen mit in den Gottesdienst nahmen. Am Adventskranz brannten drei Kerzen. Peter wurde herzlich aufgenommen. Aus der Predigt ging das Wort »Siehe, dein König kommt zu dir« mit in den Alltag. Zwei Weihnachtsbriefe hatte Peter noch zu schreiben, der eine ging per Luftpost an Fred Hager nach Wheaton, der andere an Herrn und Frau von der Weiden nach München.

Es waren nur noch wenige Tage bis zum Heiligen Abend, Tage voller Geheimnisse, voller Vorfreude und Erwartung. Während eines Gesprächs sagte Michael unerwartet zu Peter: »Wie wäre es, wenn du zu unserer Christvesper Heilig Abend zwei Lieder singen würdest? Dies könnte den Weihnachtsgottesdienst ergänzen. Wenn du ja sagst, leite ich alles weitere in die Wege, und auch eine Gitarre wird sich finden.«

»Dies wäre mir eine große Freude und ich tue es gern.«

Für Peter war es das erste Weihnachtsfest wieder in der Heimat. Und daß er durch seine Lieder beitragen sollte, den Festgottesdienst zu bereichern, stimmte ihn voll Freude und Dank.

Heute zeigt der Kalender den 24. Dezember. Innerlich vorbereitet, das Kind in der Krippe aufzunehmen, betrat die Familie Bastian, der Großvater und Peter die Kirche. Zu beiden Seiten des Altars standen zwei prächtige große Tannen mit strahlenden Kerzen. Die vertraute Weihnachtsatmosphäre nahm sie auf. Als später Peter vor und nach der Predigt die Weihnachtslieder sang, lauschten alle der singenden Botschaft, die noch nachklang und sich jubelnd umsetzte in dem Gemeindelied: »O du fröhliche, o du selige gnadenbringende Weihnachtszeit.«

Zu Hause saßen sie um den geschmückten Tannenbaum, unter dem die mit Liebe ausgesuchten Geschenke lagen. Vor der Bescherung las Michael das Weihnachtsevangelium »Es begab sich . . .« Dieses Wort erinnert sie an viele Führungen Gottes. Nach der Melodie »Am Weihnachtsbaum die Lichter brennen« sangen sie voller Andacht und doch jubelnd:

Nun liegt dein Licht auf allen Wegen,
nun wird mein Leben freudevoll.
Mein Herze jauchzt dir froh entgegen
und weiß nicht, wie es danken soll.

Nun bricht dein Glanz aus Himmelstoren
und füllt der Erde Enge aus.
Nun führst du uns, die wir verloren,
als Kinder in des Vaters Haus.

Wer kann das Weihnachtswunder künden,
und wer ermißt der Liebe Macht?
Ich darf nun meinen Heiland finden
im Kripplein in der Heilgen Nacht.

Ach, alles Rühmen ist zu wenig,
und aller Dank ist viel zu klein!
Du großer Held und Himmelskönig
willst aller Menschen Bruder sein.

In der Reihe der TELOS-Taschenbücher sind die folgenden Titel ebenfalls mit großer Schrift lieferbar:

- 194 Kornelia Herrmann, **... und Schranken wurden zu Brücken**
- 197 Anny Wienbruch, **Die Tat einer Mutter**
- 210 James Rathlef, **Ein Mann mit nur einem Gedanken**
- 215 Otto Krause, **Unter Muschiken und Tataren**
- 225 Herta Maria Dannenberg, **Einer lindert deine Not**
- 243 Hildegard Krug, **Stark sein durch Hoffen**
- 249 Renate K. Luther, **Goldene Kindertage**
- 263 Ernst Decker, **Rufe ins Unsichtbare**
- 277 Elsbeth Walch, **Ausgerechnet zum Weihnachtsfest**
- 281 Fritz Schmidt-König, **Es wird nicht dunkel bleiben**
- 313 Ernst Decker, **Die Antwort von drüben**
- 341 Armin Gerber, **Auf Treue warten Kronen**
- 344 Ernst Decker, **Die große Begegnung**
- 363 Martha Pampel, **Das Freuen lernen**
- 368 Werner Krause, **Die geöffnete Pforte**
- 369 Renate K. Luther, **Ziehende Wolken**
- 376 Johannes Fauser, **Ehe der Hahn kräht**

Als Edition C-Taschenbücher sind folgende Titel mit großer Schrift erschienen:

- 55012 Elsbeth Walch, **Ein Medaillon zum Weihnachtsfest**
- 55028 Anny Wienbruch, **Meine lieben Hunde**
- 55042 Herbert Paetzold, **Wundertaten Gottes**
- 55046 Werner Krause, **Dunkle Wälder unterm Weihnachtsstern**
- 55055 Elsbeth Walch, **Ein Weihnachtslied gehört auch dazu**
- 55080 Elsbeth Walch, **Hier sind alle guten Gaben**

**Verlag der St.-Johannis-Druckerei
C. Schweickhardt
Lahr-Dinglingen**